DAS ALTE TESTAMENT

ERZÄHLT VON ARIK BRAUER

DAS ALTE TESTAMENT

ERZÄHLT von ARIK BRAUER

Mit 60 Zeichnungen

Amalthea
Verlag

Bibelstellen werden nach folgenden Ausgaben zitiert:
Die Bibel. Nach der deutschen Übersetzung D. Martin Luthers. Evangelische Haupt-Bibelgesellschaft zu Berlin, Berlin 1954
Tora, newim, we katuwim. Hebrew Bible. London 1953

Die deutschen Übersetzungen aus dem Hebräischen von Arik Brauer basieren auf dem Hebräischen, wie es heute in Israel gesprochen und verstanden wird.

MIX
Papier aus verantwortungsvollen Quellen
FSC® C084279
FSC www.fsc.org

1. Auflage Februar 2018
2. Auflage April 2018

Besuchen Sie uns im Internet unter: amalthea.at

Umschlaggestaltung: Elisabeth Pirker, Beatrice Bognar/OFFBEAT
Umschlagabbildungen: © Arik Brauer, Foto Arik Brauer: © Jonathan Meiri
Alle Abbildungen im Buch: © Arik Brauer
Herstellung und Satz: VerlagsService Dietmar Schmitz GmbH, Heimstetten
Gesetzt aus der 12,5/16,3 pt Arno Pro
Designed in Austria, printed in the EU
ISBN 978-3-99050-127-6

Dieses Buch widme ich meiner Frau Naomi,
der ich meine Kenntnisse der hebräischen Sprache verdanke.

INHALT

VORWORT

Eines Tages stand meine 10-jährige Enkelin vor mir und verkündete feierlich: »Ich habe eine wichtige Frage! Was war eigentlich vor dem Urknall?«

Ich geriet natürlich in Panik, denn mir wurde klar, dass sich jetzt endgültig herausstellt, dass ich keineswegs allwissend bin. Mein Einwand, dass diese Frage niemand beantworten kann, wurde von der kleinen Philosophin in sachlichem Ton hinweggewischt, mit der Feststellung, dass Erwachsene eben auch dumm sind.

Bleiben wir also bei den bekannten alten Schilderungen, die zwar nur falsch sein können, da wir ja, wenn es sich um den Urknall handelt, tatsächlich dumm sind, aber die Bibel ist auf jeden Fall ein Jahrtausendkunstwerk von grandioser Poesie und zeitloser Weisheit.

Nehmen wir an, drei Menschen lesen das Alte Testament, ein Agnostiker, ein Religiöser und ein Tiefgläubiger. Der Agnostiker ist tief beeindruckt von der sprachlichen Gewalt und Poesie der Schrift. Ist er zufällig auch Künstler, verwendet er Figuren und Erzählungen, die ihn besonders beeindrucken, für sein Schaffen. Die moralischen Forderungen des Alten Testaments sind zum Teil Grundlage seiner Sozialisierung, aber zum Teil inakzeptabel für den Agnostiker der westlichen Kultur des 21. Jahrhunderts.

Der Religiöse glaubt prinzipiell an eine Gottheit, wie sie in der Schrift geschildert ist, kann aber mit der Schöpfungsgeschichte nichts anfangen. Er geht davon aus, dass die Bibel von Menschen geschrieben wurde, die von Gott inspiriert waren, aber vieles missverstanden, manches hinzugelogen haben. Die zahlreichen Widersprüche und Absurditäten in der Bibel werden von ihm als Ausschmückungen und Symbole für den Wissensstand der Menschen jener Zeit verstanden und nicht weiter hinterfragt. Wahrheiten, die für heute Gültigkeit haben, hält der Religiöse für die Worte einer überirdischen Schöpferkraft.

Für den Gläubigen gilt jedes Wort, das in der Bibel steht, als Gottes Wort. Absolute, unveränderliche, ewige Wahrheit. Daraus ergibt sich natürlich, dass wissenschaftliche Erkenntnisse, die in Widerspruch zur Bibel stehen, nur falsch und das Werk eines Satans sein können. Konsequenterweise ist es dann die Pflicht des Gläubigen, diese totale und beglückende Wahrheit der gesamten Menschheit mitzuteilen und den Glauben an sie durchzusetzen, sei es durch gutes Beispiel und Überzeugungskraft, sei es durch den Scheiterhaufen und die Zwangsislamisierung mit dem Schwert.

Das Judentum hat die Basis für den Glauben an eine einzige und absolute Wahrheit geliefert, unterscheidet sich aber von den beiden anderen monotheistischen Religionen. Die Menschheit braucht nicht mosaisch zu werden. Zehn gerechte Juden genügen, um die Welt am Leben und Existieren zu erhalten. Und wenn alle Juden die göttlichen Gesetze (Mitzwot) wirklich erfüllen würden, wäre die Welt gerettet. Es gibt in der jüdischen Tradition das Talmud-Studium. Es ist eine gewaltige Wissenschaft, die jedes dieser »Worte Gottes« seit Jahrhunderten auf unterschiedliche Weise auslegt und versteht. Es ist dies ein äußerst kompliziertes Denksystem und wird von Gelehrten betrieben, die sich ihr Leben lang mit nichts anderem beschäftigen. Der durchschnittliche religiöse Jude braucht daher, um seiner Religion gerecht zu werden, einen Interpreten, der ihm für jedwede seiner Handlungen eine Verhaltensweise vorgibt. Es versteht sich, dass dieses System den Rabbinern Einfluss und Macht über die Gemeinde sichert.

Der Verfasser dieser Zusammenfassung des Alten Testaments versteht sich selbst als Agnostiker. Für mich ist die Bibel ein Jahrtausendkunstwerk, ein grandioses Zeugnis menschlicher Weisheit und menschlicher Irrtümer. Ich habe weder die Möglichkeit noch die Absicht, mich in die religionswissenschaftlichen Auslegungen der Bibel einzubringen. Diese Kurzfassung erzählt den Text so, wie er in der Bibel steht und von jedermann verstanden werden kann. Meine Kommentare und Reflexionen gehen von dem Allgemeinwissen und den moralischen Vorstellungen unserer Zeit aus.

Einen Gott, der außerhalb des Kosmos existiert und diesen erschafft, bin ich nicht imstande mir vorzustellen. Es ist auch nicht leicht sich vorzustellen, dass der Kosmos mit all seinen Erscheinungen ununterbrochen daran ist, sich selber zu erschaffen, nicht weil er das will, sondern weil er gar nicht anders kann. Aber nachdenken und träumen schadet nie. Der Urknall schafft Physik und Chemie. Diese schaffen aus Kristallen und Säuren Leben, dieses schafft Intelligenz und diese schafft Götter. Bis zu einem wirklichen Monotheismus hat es die Intelligenz offensichtlich noch nicht gebracht, denn es wimmelt ja in allen Religionen überall von Engeln, Cherubim und Heerscharen, lauter unsterbliche Wesen, also Nebengötter.

In der Bibel werden oft Wunder geschildert, Ereignisse, die im Widerspruch zu den uns bekannten Naturgesetzen stehen. Als Wunder kann man aber auch verstehen, dass ebendiese Naturgesetze Lebewesen hervorgebracht haben, die imstande sind, Wunder zu erfinden. Die oft krampfhaften Versuche, diese Wunder naturwissenschaftlich zu erklären, beschädigen die Wunder ebenso wie die Naturwissenschaft. Ich selbst habe mich manchmal ebenfalls dieser Sünde schuldig gemacht.

Die Schöpfung

»Am Anfang schuf Gott Himmel und Erde« (1. Mose 1,1) lautet die Übersetzung von Luther. Im hebräischen Original *Berishit* = zuerst *bara* = schuf (Vergangenheit, Einzahl, männlich) *elohim* = Götter (Mehrzahl, maskulin), *et hashamain* = den Himmel *we ha aretz* = und die Erde. Wenn es einem nichts ausmacht, gekreuzigt zu werden oder auf einem Scheiterhaufen zu enden oder noch schlimmer aus der Israelischen Kultusgemeinde ausgeschlossen zu werden, kann man also auch Folgendes lesen: Zuerst schuf Götter Himmel und die Erde (»Zuerst«, ein guter Name für den Urknall).

»Und die Erde war wüst und leer.« Hebräisches Original: *Tohu wabohu*. Dies sind keine hebräischen Worte, sondern wurden offensichtlich eigens erfunden, um das totale Chaos auszudrücken. Es gibt seit 2000 Jahren den Versuch, das hebräische Wort *haja* (war) mit »wurde« zu übersetzen. Die Erde wurde Tohuwabohu, was die Möglichkeit ergäbe, dass der Kosmos bereits seit Jahrmilliarden existiert und die Erde vor 6000 Jahren aus diesem Tohuwabohu geschaffen wurde. Das hebräische Wort für »wurde« ist aber *nehie* und außerdem ist, wie wir ja inzwischen wissen, auch die Erde seit Jahrmillionen mit Leben aller Art bevölkert und kein Tohuwabohu.

Am ersten Tag werden das Licht und die Finsternis geschaffen, und zwar ohne Sonne. Am zweiten Tag wird ein Himmel gemacht, der zwischen einem oberen und einem unteren Wasser platziert ist. Im unteren Wasser gibt es Trockenstellen, die Erde genannt werden, obwohl es Erde, wenn auch wüst und leer, ja schon gibt. Am dritten Tag werden die Pflanzen geschaffen, vorläufig auch ohne Sonne. Am vierten Tag endlich wird die Sonne als großes Licht und der Mond als kleines Licht am Himmel aufgehängt. Am fünften Tag werden alle Tiere erschaffen, von den Walen, die für Fische gehalten werden, bis zu den Käfern und Würmern. Von Bakterien und Viren, ohne die ja Säugetiere nicht existieren könnten, ist nicht die Rede. Am sechsten Tag wird der Mensch gemacht. Vom hebräischen Wort *adamah* – Erde, kommt das Wort Adam (Einzahl, maskulin). Dieser Adam ist das Ebenbild Gottes, und die Bibel wiederholt, dass er das Ebenbild Gottes ist. Gleich darauf heißt es, als Mann und Weib schuf Gott den Menschen und dann stellt sich heraus, dass Adam eine »Gehilfin« braucht. Er wird eingeschläfert und aus einer seiner Rippen wird ein Weib gebastelt (1. Mose 2,21). Dieser literarische Eiertanz um die Erschaffung der Frau drückt bereits die problematische Vormachtstellung der Männer in den monotheistischen Religionen aus. Es ist allgemein bekannt, dass wegen der Rippe das Weib dem Mann untertan ist. Wie so vieles allgemein Bekannte stimmt es nicht. In der Bibel steht Folgendes: »Darum wird ein Mann Vater und Mutter verlassen und an seinem Weibe hangen« (1. Mose, 2,24).

Es gibt über die Schöpfungsgeschichte zahlreiche Witze und Spottlieder, aber so naiv diese Erzählung wirkt, wenn man mit ihr die Erkenntnisse der Wissenschaft ersetzen und verdrängen will, so grandios ist sie als Kunstwerk. In wenigen Sätzen ist die ganze Tragödie eines affenartigen Säugetiers geschildert, das ein Gehirn entwickelt, mit dem es seine eigene Nacktheit erkennt, Gut und Böse unterscheiden kann und tatsächlich Herr über Tiere und Pflanzen wird. Die Verfasser dieser Schrift müssen tiefe Erkenntnisse und prophetische Fähigkeiten gehabt haben. Die Geschichte der Schöpfung ist ja zweifellos viel älter als die Bibel und erweckt mit vielen Widersprüchen und Absurditäten oft den Eindruck, dass die Verfasser dieser Schrift keineswegs die Absicht hatten, Wahrheiten zu verkünden, die Wort für Wort ewig geglaubt werden müssen.

Kaum existiert der Mensch, beginnen schon die Probleme. Man frisst den verbotenen Apfel und versucht dann, sich abzuputzen.

Adam: »Ich doch nicht. Die Gehilfin, die du mir geschaffen hast.«

Eva: »Ich doch nicht, die Schlange, die, wie du ja weißt, das schlaueste aller Tiere ist, hat mich betrogen.« Die Schlange kriegt also ihr Fett ab: am Bauch kriechen, Staub essen. Das Ehepaar erhält Fellreste für seine nackten Ärsche und wird mit einem Tritt in dieselben aus dem Paradies befördert. Die Methode des Abstreitens und Sich-Abputzens hat sich jahrtausendelang bewährt für die Menschheit im Allgemeinen und vielleicht für die österreichische Menschheit im Besonderen.

Jetzt heißt es also (1. Mose 3,19): »Im Schweiße deines Angesichts sollst du dein Brot essen«. Im Original »mit schwitzender Nase«. »Du sollst mit Schmerzen Kinder gebären«, im Original »Söhne gebären«.

An die Arbeit! Man lüftet also die von Gott gespendeten Fellreste und der erste Sohn erblickt das Licht der Welt und sein Name ist Kain. Als zweiter Sohn Abel (im Original Hevel). Um es gleich vorwegzunehmen: Der erste Mensch, der einen Bruder hat, bringt diesen Bruder um. Kain ist Landwirt, Abel Hirte, und da haben wir schon das Dilemma. Kain sitzt in den fruchtbaren Tälern, wo es Wasser gibt. Er pflanzt und betreut mit schwitzender Nase seine Gärten. Abel wandert mit seinen Ziegen über die steinigen Hügel, wo sich seine Tiere von trockenen Disteln ernähren. Eine Runde in einem reifen Feld tut der Herde sicher gut. Dem Ackermann tut das aber gar nicht gut und das geht so etliche Jahrhunderte. Die Leute wurden damals zwischen 800 und 969 Jahre alt.

Eva wird von der Schlange eingewickelt.

Der erste Brudermord: Kain und Abel

Adam und Eva (im Original Hava) wollen mit diesen endlosen Streitereien nichts zu tun haben und konzentrieren sich ganz auf ihren neuen Sohn, Seth, dessen Nachkommen gottgefällige, aber langweilige Gebete erfinden. Kain wendet sich direkt an Gott, und zwar mit einem Opfer, wie es Götter sicher gerne haben. Das Beste von seinen Feldern und Gärten auf einem rauchenden Scheiterhaufen. Diese Technik des Bestechens ist, wie wir wissen, eine wesentliche Eigenheit aller menschlichen Zivilisationen. Ohne etwas Freunderlwirtschaft kann es einen funktionierenden Staat offenbar nicht geben. Ungebremste Wucherungen der Korruption allerdings machen alle Grundlagen des Zusammenlebens kaputt.

Abel sagt: »Man wird ja sehen, wer der Bessere ist im Anfüttern«, schichtet Tierleichen mit fetten Eingeweiden auf und zündet sie an. Fett brennt natürlich besser als Rüben und Kraut. Der Rauch steigt hoch auf und Kain hat verloren. Was tut man, wenn man verliert? Man wird, besonders wenn man Mann ist, aggressiv.

Was es im Heiligen Land am meisten gibt, sind Steine. Mit Steinen werden Häuser gebaut. Mit Steinen wird Krieg geführt. David hat Goliath mit einem Stein fertiggemacht. Für jede Demonstration oder Intifada sind immer genügend Steine vorhanden (in Wien gibt es nie eine Intifada, weil es keine Steine gibt). Kain hebt also einen Fünf-Kilo-Brocken auf, schlägt zu und damit ist der Streit um Wasserquellen und Felder für dieses Mal beendet.

Gott aber verflucht Kain und damit in gewissem Sinne auch die Landwirtschaft, die ja die Voraussetzung für die uferlose Vermehrung der Menschheit ist: »Wo ist dein Bruder Abel?« (1. Mose 4,9) Sagt Gottvater zu Kain. »Soll ich meines Bruders Hüter sein?« Für so eine freche Antwort hätte Kain von einem Menschenvater wohl zwei knallende Ohrfeigen bekommen. Gott verflucht den Acker, der das Blut Abels getrunken hat. Gott jagt Kain aus dem Land, macht aber ein Zeichen auf seine Stirn, das ihn vor Feinden schützt.

Kain zieht nach Osten, zeugt mit seiner Frau einen Sohn und baut eine Stadt. Es kommt in der Bibel nicht darauf an zu erfahren, woher Kains Frau kommt und woher die Bevölkerung, mit der er eine Stadt baut. Wichtig ist, dass seine Nachkommen Handwerk und Kunst entfalten, »die Arbeit mit Metall, die Kunst der Geige und Pfeife«. Die Vorstellung ist tragisch, dass die Entwicklung unserer Zivilisation von einem Brudermord ausgelöst wurde.

Wie nicht anders zu erwarten, stellt sich die Menschheit sehr bald als eine ganz lausige Bagage heraus, die vermischt ist mit Halbgöttern, die sich als große Diktatoren aufspielen. Gott hat nämlich zahlreiche »Kinder« (1. Mose 6,4), im Original *bene-elohim* – das kann nur mit »Söhne Gottes« übersetzt werden. Bei Martin Luther heißt es Kinder, weil er neben Jesus keine anderen Gottessöhne haben wollte, was man ja verstehen kann. Diese Söhne, wie halt Söhne so sind, sehen, dass die Töchter der Menschen fesche Wesen sind.

Was macht man als Gottes Sohn? Man hüpft kurz hinunter, sucht sich eine aus und vergewaltigt sie. Sicher ging es auch oft auf die friedliche Tour, man hat ja als Gottes Sohn immerhin ein gewisses Prestige und so etwas lieben die Töchter der Menschen bekanntlicherweise.

Die daraus entstandenen Bastarde sind üble Tyrannen, wie man sie auch aus den Geschichten der griechischen Mythologie kennt. Gott entscheidet sich also, einmal Tabula rasa zu machen und das Ganze mit einer Sintflut reinzuwaschen. Vor allem wollte er wohl mit den peinlichen Heldendiktatoren aufräumen, die ja leider seine Enkelkinder sind.

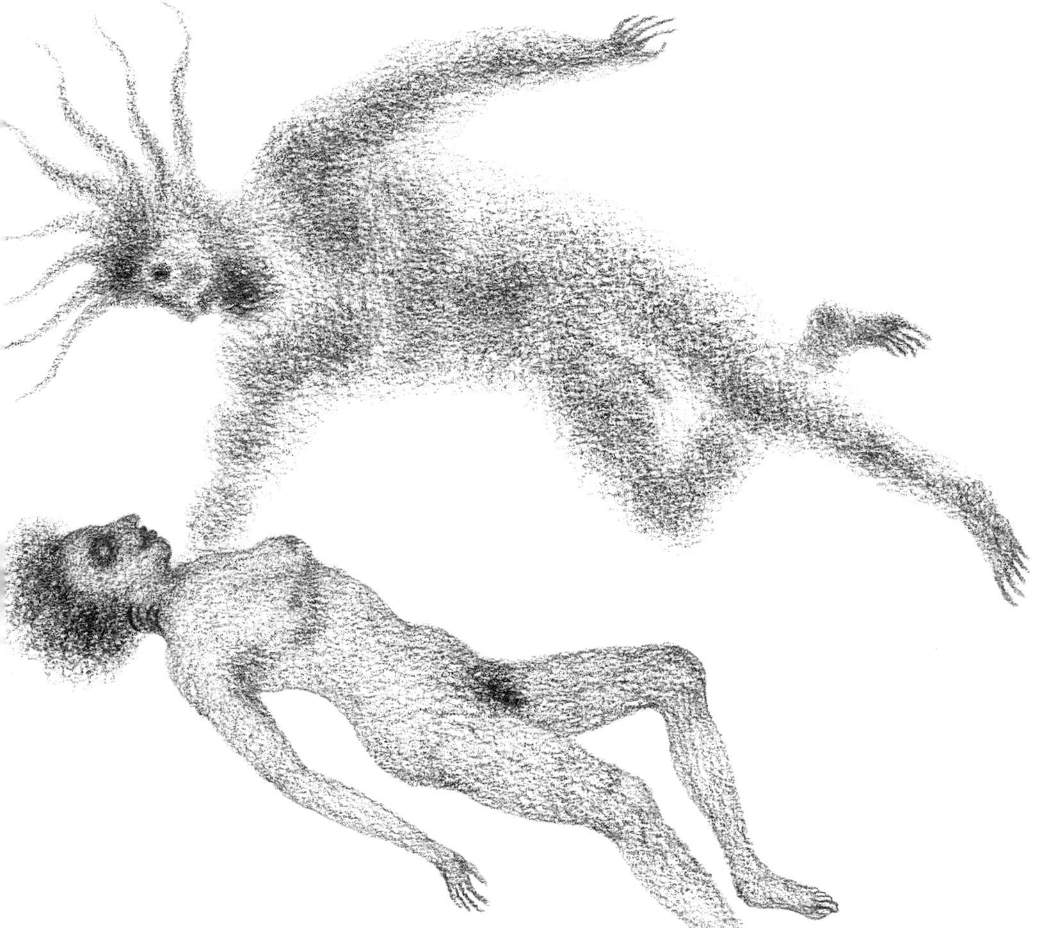

Einer der bene-elohim

Die Sintflut

Warum die Tiere? Warum nicht die Fische? Viele dieser Fragen der kleinen Enkelin kann man nur damit beantworten, dass es im Kosmos, in dem wir leben, eben keine Gerechtigkeit geben kann. Alles Leben kann nur existieren, wenn es Leben vernichtet. Diesem Gesetz sind wir alle unterworfen und daher tatsächlich mit einer Art Erbsünde belastet.

Der gute Gott wurde aber offenbar vom Herrn Chef »Urknall« zurückgepfiffen. Er sah sich gezwungen, eine kleine Reserve beiseitezulegen, und holte sich Noah, im Original Noach, zu einem ernsten Gespräch. »Mein lieber Noah, ich weiß, dass du ein gerechter Mann bist, und obwohl ich auch weiß, dass deine Nachkommen genau solche Schurken sein werden wie die, deren Ende jetzt nahe bevorsteht, habe ich dich und deine Familie auserkoren, das Leben weiterzureichen in die Zeit nach der Sintflut. Baue eine Kiste aus dem Holz der Nadelbäume, 150 Meter lang, 25 Meter breit, 15 Meter hoch, innen und außen mit Pech abgedichtet. Von allen Tieren, von der Kakerlake bis zum Elefanten, nimmst du je ein Pärchen und von den reinen Tieren je sieben Pärchen, dazu deine ganze Mischpoche, in die *tewa* (Schachtel).« Die Arche, wie sie Luther nennt, wird wohl etwas eng gewesen sein. »Die Kiste muss fest verriegelt sein«, sagt Gott, »denn wenn das Wasser zu steigen beginnt, werden zahllose Menschen mitfahren wollen. Manche werden dir Geld anbieten, andere ihre Frauen, andere werden weinend auf den Knien liegen. Sekten werden dich verfluchen, Mafiosi dich bedrohen. Die Türe bleibt zu. Hast du das kapiert? Die Türe bleibt zu.«

Noah, der immerhin 600 Jahre alt ist, geht also an die Arbeit. Als Erstes baut er die Tür und erst dann die Kiste. In der Decke macht er ein kleines Loch, groß genug, um seine Hand mit einem Vogel durchstecken zu können. In dieses Loch steckt er von außen einen Trichter, der dazu da ist, den Regen als Trinkwasser aufzufangen, das in einen darunterstehenden Behälter fließt. Noah hat den Tiefgang der im Wasser schwimmenden vollen Arche berechnet und knapp über dem Wasserspiegel eine verschließbare Öffnung angebracht. Durch diese Öffnung können die Exkremente entsorgt werden, die ja in gewaltigen Mengen anfallen werden.

Die Kiste hat Parterre, Mezzanin und ersten Stock. Noah adjustiert den ersten Stock für die Lebensmittel, in einem versperrten und von Hunden bewachten Raum. Der beste Platz ist mit Betten und Tischen für die Familie eingerichtet. Noah nimmt die reinen Tiere, das sind Kühe, Ziegen, Schafe und Hühner, ins Familienzimmer. Auf die Reklamationen seiner Frau über den voraussichtlich entstehenden Gestank meint er: »Lächerlich, an unseren Gestank werden sich die Tiere gewöhnen müssen.«

Im Mezzanin werden die sogenannten edlen Tiere untergebracht. Das Araberpferd, das Kamel, der Falke, weiters die meisten Singvögel. Im Parterre, wo die Drängerei am unerträglichsten ist, hungert und stinkt vor sich hin, was dem Menschen bis heute nicht wirklich untertan ist: Ratten, Kakerlaken, Schlangen, Skorpione, Wanzen, Ameisen etc.

Vierzig Tage lang regnet es in Strömen. Das Wasser deckt alles zu, und was ertrinken kann, ertrinkt unter Qualen. Die Lebewesen, die als erste geschaffen wurden, das sind Pflanzen und Wassertiere, werden verschont. Die »Kronen der Schöpfung«, das sind an Land lebende Tiere und Menschen, werden vernichtet. Das Wasser beginnt langsam zu sinken und Noah schickt Vögel durch das Loch an der Decke der Kiste, um zu erkunden, ob Land in Sicht ist. Beim

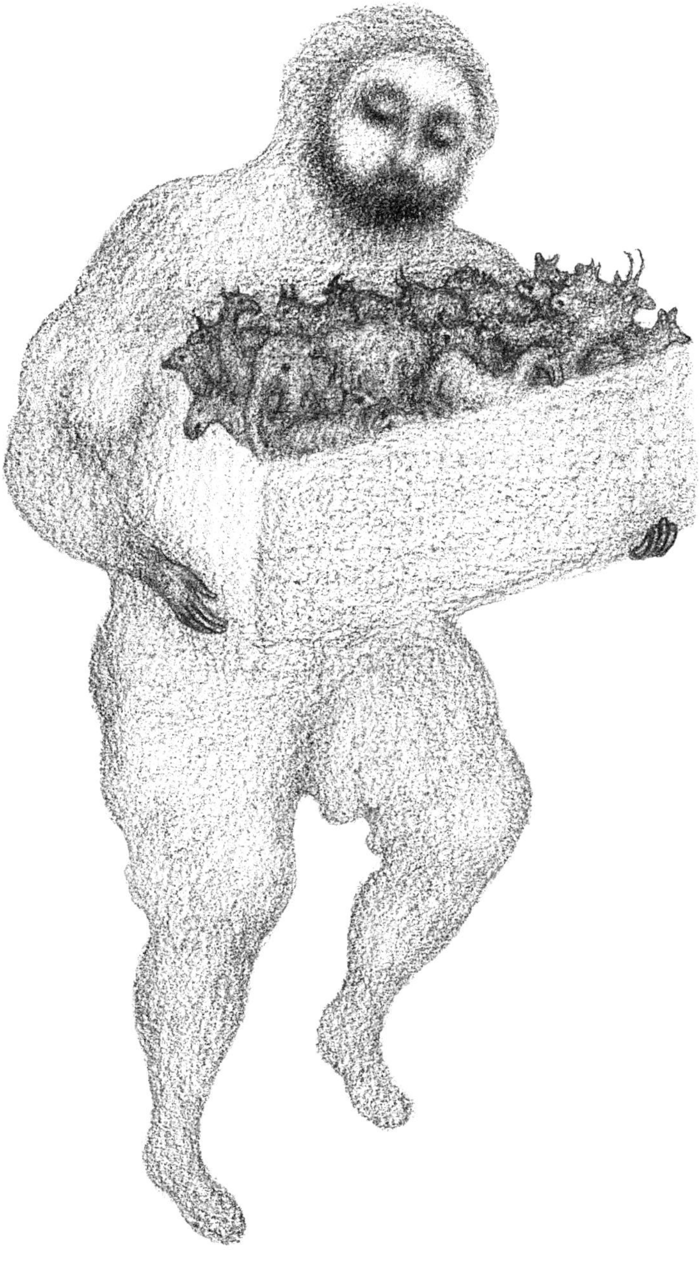

Noah mit seiner Arche

dritten Versuch kommt die Taube mit einem Ölzweig im Schnabel zurück.

Es waren 190 schreckliche Tage für alle Beteiligten. Man ist heilfroh, als die Kiste endlich auf dem Berg Ararat an Land geht. Warum gerade Ararat? Warum nicht? All die Kurden, Armenier und Türken sind ja ertrunken, und vom Gipfel des Berges kann man das brandneue Schwarze Meer gut sehen, unter dem jetzt die ganze Schande begraben liegt.

Schulpflichtige Kinder und auch die Analphabeten der späteren Bronzezeit wissen, dass man in einer Kiste nicht alle Tiere paarweise unterbringen kann. Wenn das also nur eine symbolhafte erfundene Erzählung ist, wie soll ein wohlmeinender Religionsschüler die Heilige Schrift verstehen? Wo ist die verpflichtende historische Wahrheit, wo Erfindung? Und wer entscheidet, welcher Text wie zu verstehen ist?

Die berechtigte menschliche Angst vor der Gewalt des Wassers findet in vielen Religionen in Form von Erzählungen Ausdruck. Wollen wir doch einfach frech behaupten, unsere Erzählung ist die beste. Missetat – Strafe – die Substanz in einer Kiste bewahrt – das Leben geht weiter. Diese unsere Version in ihrer lapidaren Einfachheit ist von grandioser Poesie und Expression.

Die Welt ist wieder trocken und die Menschheit baut, um sich einen Namen zu machen, einen Turm. Einen Turm bis in den Himmel, versteht sich. Obwohl jedermann weiß, dass schon der Schöpfel im Wienerwald höher ist als alle Türme der Welt, wird immer wieder versucht, sich mit einem Bauwerk dem Himmel zu nähern.

Das Wunderbare an der biblischen Erzählung ist aber, dass der Bau durch die Verwirrung der Sprache beendet werden musste. Verwirrung, kein Erdbeben, kein Feuer, kein Krieg. Ohne gemeinsame

Sprache keine Kooperation, kein Turmbau zu Babel. Sollte eigentlich Pflichtlektüre für alle Politiker und für manchen Architekten sein.

In der Schrift ist überhaupt nicht erwähnt, wie dieser Turm ausgesehen hat. Es ging ausschließlich um seine Höhe. In der Kunst im Allgemeinen und in der zeitgenössischen Kunst im Besonderen wird oft Gewicht und Dimension eines Werkes mit seiner künstlerischen Größe verwechselt. Es musste Brueghel der Ältere kommen und mit einem Gemälde mittlerer Größe diesem Turm eine Form geben und ihn zu einem grandiosen Kunstwerk machen.

Abram

»Es kommt eine Teuerung ins Land Kanaan.«

Abram, der Sohn Tharahs, zieht mit seiner Gattin Sarai und seinem Neffen Lot nach Kanaan. Gott verspricht Abram, ihn in diesem Land zu einem großen Volk zu machen: »(…) in dir sollen gesegnet werden alle Geschlechter auf Erden« (1. Mose 12,3).

»Es kam aber eine Teuerung in das Land« (1. Mose 12,10). Teuerung, da denkt man an steigende Preise in den Restaurants, den Skiliften und man erwägt, noch ein zweites Jahr mit dem alten Auto zu fahren. Im Original heißt es aber *ra'av baaretz* – Hunger im Land. Da muss man sich vorstellen, dass der Jordan und der Hatzbani ausgetrocknet sind, weil es seit Jahren nicht geregnet hat. Die Hügel sind braun, die letzten ausgedorrten Pflanzen von den Tieren gefressen. Die Ziegen und Kühe haben keine Milch, die Frauen und Mütter haben keine Milch. Tiere sterben, Kinder sterben. Nun beginnt man Esel, Kamele und Pferde, die Grundlage der Hirtenexistenz, aufzuessen.

Abram, der als Ausländer eine Zeit lang in Kanaan gelebt hat, packt seine letzte Habe zusammen und wandert nach Ägypten. In Ägypten gibt es den Nil, dort gibt es Wasser, dort gibt es Brot. Abrams Frau ist eine Schönheit, und wenn man mit einer Schönheit verheiratet ist, muss man damit rechnen, dass andere, größere, stärkere Männer auch eine Schwäche für Schönheiten haben, und man bekommt unter Umständen große Probleme.

Sie wandern durch die Wüste Sinai, wo die Hitze unerträglich ist, besonders wenn man seit Tagen zu wenig Wasser getrunken hat. Abram treibt sein Kamel neben den Esel, auf dem Sarai reitet, und beginnt freundlich, aber von oben herab ein Gespräch. »Sarai, in Ägypten musst du dich als meine Schwester ausgeben, und mit den wichtigen Männern in Ägypten musst du sehr freundlich sein. Du wirst sehen, man wird dich mit Geschenken überhäufen, die wir in unserer Situation sehr wohl gebrauchen können.« Sarai fährt auf: »Willst du mich vermieten wie eine Hure, nur damit deine blöden Viecher Futter bekommen!« Abram tut so, als würde er nachdenken, und packt dann mit seiner gut vorbereiteten Argumentation aus: »Also es gibt drei Möglichkeiten. Erstens, wir verzichten auf Ägypten und sterben unter Qualen, aber in Ehren hier in diesem Backofen. Zweitens, wir gehen als Ehepaar nach Ägypten. Die wichtigen Männer sehen dich und tun das, was sie am besten können. Sie schneiden mir den Kopf ab, vergewaltigen dich und verkaufen dich auf dem nächsten Markt an ein Bordell. Drittens, wir behaupten, du bist meine Schwester, und da du ja die schönste Frau der Welt bist, wirst du die Geliebte des mächtigsten Mannes der Welt, und das ist der Pharao. Wir leben, und unser Stamm, mit dem der Schöpfer der Welt noch so manches vorhat, bleibt bestehen.«

Sarai tut auch so, als würde sie nachdenken, und entscheidet sich natürlich für Version drei, mit der berechtigten Hoffnung, dass es sich bei den erwähnten Geschenken nicht nur um Wasser und Ziegenfutter handeln würde, sondern auch um etliche gold glitzernde Accessoires, was auch geschieht.

Tatsächlich war Sarai Abrams Halbschwester und die gleiche Geschichte spielt sich später noch einmal ab, mit König Abimelech von Gerar. Diesmal gibt es für die Mutter des auserwählten Volkes 1000 Silberlinge, obwohl es gar nicht »dazu kommt«, weil Gott die Sache unterbricht, als es interessant zu werden verspricht.

Sarai wird von ihrem Mann nicht schwanger. Was tut man in der späten Bronzezeit in so einem Fall? Man hat eine fesche ägyptische Bedienerin namens Hagar. Diese schickt man zum Gatten mit dem klaren Auftrag: »Geh, lass dich von ihm bumsen und bring für mich einen Sohn zur Welt.« Gesagt, getan, aber kaum ist das Fräulein Hagar schwanger, wird sie natürlich frech. Sarai beschwert sich bei ihrem Mann und dieser Macho sagt einfach: »Mach mit ihr, was du willst.« Die liebe Sarai schickt die Hochschwangere in die Wüste. Ein Engel muss aktiv werden, um sie wieder zurückzubringen. Er verkündet ihr: »Dein Sohn soll Ismael (*Gott erhört*) heißen.« Er wird ein hervorragender Scharfschütze sein, seine Hand gegen jedermann erheben und im Dauerstreit mit seinem Bruder sein. Aber damit ist die Angelegenheit noch lange nicht zu Ende.

Sarai ist 90 Jahre alt, als sie schließlich doch schwanger wird, zum Gelächter aller Anwesenden. Inzwischen ist ihr Name Sara. Sie gebärt einen Sohn und nennt ihn Isaak, hebräisch Jizchak, *er wird lachen*. Wer wird lachen? Abram wird lachen. Als Gott ihm verkündet, dass seine »Alte« noch gebären wird, wirft er sich zu Boden und kugelt sich vor Lachen. Jetzt natürlich heißt es für Hagar, die

Sarai, die Schöne

inzwischen einen 13-jährigen Sohn hat, endgültig auf in die Wüste. Diesmal aber hat Abram ein Problem. Es handelt sich bei dem Buben, der übrigens ein widerspenstiger Fratz ist, immerhin um seinen Sohn. Er gibt Hagar einen kleinen Reiseproviant mit auf den Weg. Als dieser aufgebraucht ist, legt Hagar ihr Kind unter einen Strauch und entfernt sich, um nicht sein Weinen zu hören und sein Sterben zu sehen.

Gott aber hört das Weinen des Kindes. Dieser Ismael wird der Stammvater eines 250 Millionen Seelen zählenden Volkes. Rate von welchem. Des Volkes der Araber, die sich bis heute als exzellente Scharfschützen beweisen. Ismael ist der Halbbruder Isaaks, der Onkel von dessen Sohn Jakob, der Stammvater der Juden ist. Araber und Juden sind daher nolens volens Cousins. (Seine Verwandtschaft kann man sich bekanntlich nicht aussuchen, ist wohl die Meinung aller Beteiligten.)

Gott bietet Abrams Stamm einen Bund an: »Eure Aufgabe ist folgende: Liebet eure Nächsten wie euch selbst. Wenn ihr das schafft, bekommt ihr von mir Begabungen und Verstand. Wenn ihr euch aber an diesem Gebot mit von euch erfundenen komplizierten und lächerlichen Regeln vorbeischwindeln wollt, gebe ich euch Saures, dass die Fetzen fliegen.« Abram ist begeistert von diesem Vorschlag und bietet als zusätzliche Zier zur Nächstenliebe gleich seine Vorhaut an. Er hätte auch das Ohrläppchen opfern können, aber dann könnten auch die Frauen mit von der Partie sein und das wollte er trotz Nächstenliebe denn doch vermeiden. Die Beschneidung ist eine Genitalverstümmelung von wehrlosen Säuglingen. Nicht zu vergleichen aber mit dem grauenvollen Eingriff, den viele Mohammedaner ihren Mädchen antun. In Israel gilt 98% bei der Gesundheitsuntersuchung von Rekruten als zu erwartendes Maximum,

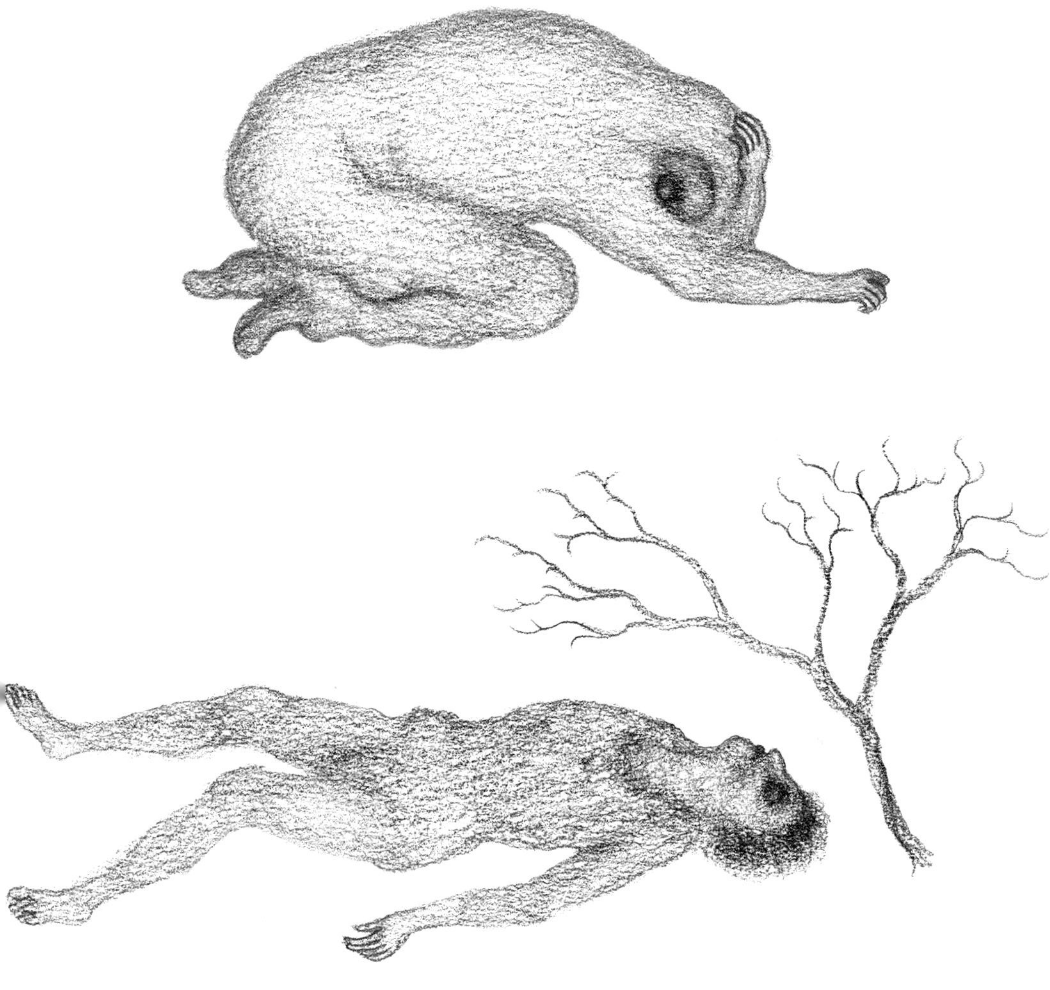

Hagar und ihr Kind

die 2% auf 100 sind mit ihrer Vorhaut eben davongeflogen. Es wäre interessant zu wissen, wie viele erwachsene Juden sich freiwillig dieser Operation unterziehen würden. Es liegt wohl in unserem Wesen, dass wir einem Ritual, das sich über so viele Generationen erhalten hat, große Bedeutung beimessen.

Wieso macht der Mensch mit einem von ihm erfundenen Gott einen Vertrag? Warum nicht? Eine Erfindung besteht aus der in sie investierten Energie. Energie ist gleich Masse, also existiert die Erfindung auch als Idee tatsächlich, kann wirken, leben und sterben wie alle anderen vom Urknall verursachten Gebilde.

Wenn man davon ausgeht, dass alle Erscheinungen im Weltall sich selbst ohne Absicht erschaffen, dann gilt dies auch für die Götter. Sie erschaffen sich mittels menschlicher Intelligenz, entziehen sich dann aber der menschlichen Kontrolle und können von Menschen nicht mehr abgeschafft werden. Was uns bleibt, ist der Reim von Goethe: »Die ich rief, die Geister, werd ich nun nicht los.«

Abram wird von nun an Abraham genannt und bekommt sogleich eine tolle Gelegenheit, in Sachen Nächstenliebe ein Beispiel zu geben, das bis heute von größter Bedeutung wäre, aber leider ununterbrochen mit Füßen getreten wird.

Sodom und Gomorra

Abraham begleitet Gott nach Sodom. »Die Sodomer sind elendige Verbrecher, Mörder und Vergewaltiger, ich werde sie ausrotten.« Abraham: »Aber vielleicht sind 50 Gerechte unter ihnen. Du willst doch nicht die Guten mit den Bösen verurteilen?« (1. Mose 18,23). Original: *zadikim im raschaim – Gerechte mit Verbrechern.*

Abraham mit Gott

Damit beginnt ein Gehandel um die Zahl der zu Rettenden von 50 bis 10. Zuletzt gibt es in Sodom nur einen einzigen Gerechten, Lot, und dieser wird verschont. Gott legt Abraham gewissermaßen einen Elfmeter vor, um zu untermauern, was eigentlich selbstverständlich für uns sein sollte. Schuldig ist, wer sich schuldig macht. Unschuldig ist, wer nicht aus eigenem Entschluss ein Vergehen begangen hat. Auch wenn seine ganze Verwandtschaft aus Verbrechern besteht, ist er unschuldig. Die Menschheit besteht aus einzelnen Personen, es kann daher keine vererbbare Kollektivschuld geben.

Lot wird also gerettet. Warum? Darüber könnte man noch streiten. Was zum Beispiel würdest du als moralischer Mensch in folgender Situation tun? Zwei Gäste kommen in dein Haus. Du nimmst sie freundlich auf, wäschst ihnen die dreckigen Schweißfüße, backst für sie Kuchen und bietest ihnen Betten an. Da kommt eine Bande von Halbstarken, trommelt an dein Fenster und brüllt: »Bringt diese zwei Ausländer heraus. Wir wollen sie vergewaltigen und zu Tode martern!« Was machst du? Was macht Lot? Er sagt Folgendes: »Verschont meine Gäste, ich habe zwei Töchter, die schicke ich zu euch hinaus. Die könnt ihr nach Belieben vergewaltigen und zu Tode martern.« Gastrecht vor Kinderrecht, darüber könnte man streiten. Im Falle Lot gibt es ein Happy End, denn die Kerle werden aus Schlafmangel und übertriebenem Alkoholgenuss plötzlich blind und können Lots Eingangstor nicht finden. Enttäuscht ziehen sie ab, ohne zu wissen, dass bereits ein Grab im Erdinneren für sie vorbereitet ist.

Der syrisch-afrikanische Grabenbruch, die berühmte Ritze, gibt nämlich einen sehr wuchtigen Rülpser von sich. Sodom und Gomorra (hebräisch *Sdom Wegmara*) verschwinden mit allen Halbstar-

Lot mit seinen Töchtern

ken von der Erdoberfläche, und das Tote Meer liegt seit damals 400 Meter unter dem Meeresspiegel. Lot und seine Familie rennen in Todesangst. Hinter ihnen regnet es Schwefel und glühende Lava.

Lots Frau versucht, das Ganze mit ihrem Handy zu fotografieren, und verwandelt sich in eine Salzsäule (das kommt davon). Am Toten Meer gibt es zahllose Salzsäulen, jeder israelische Fremdenführer hat eine eigene. Zuletzt verkriecht sich Lot mit seinen beiden Töchtern in eine Höhle.

Das Leben in einer Höhle ist für junge, lebenslustige Mädchen ziemlich langweilig. Rundherum nur Felsen und Salzsäulen. Keine Männer weit und breit. Was tun? Man tränkt den Herrn Papa mit Wein, bis er nicht mehr zwischen seinen Töchtern und Marilyn Monroe unterscheiden kann.

Die Folge: Beide Töchter werden schwanger, und aus den Rauschkindern werden die Stammväter der Moabiter und Ammoniter, die den Kindern Israels noch jede Menge Zores bereiten werden.

Die Opferung

Streit und Krieg existieren offensichtlich, seit es uns gibt. Früher war das einfach, der Sieger frisst den Besiegten auf, keine Verhandlungen, keine Rachefeldzüge, nichts geht verloren, alles wird verwertet. Über Jahrtausende hat das gut funktioniert. Wir gingen natürlich davon aus, dass die von uns erfundenen Götter auch gerne Menschenfleisch fressen, und es bürgerte sich weltweit die Sitte ein, Menschen zu opfern. Mit den Fähigkeiten, Tiere heranzuzüchten und zu kontrollieren, verliert das Menschenfressen seinen Reiz, denn man kann die Besiegten ja als Sklaven zum Schafe-Scheren und Zelt-Schleppen benützen. Um den Kannibalismus der Götter zu beenden, veranstaltet Gott ein grandioses, dramatisches Theater.

Abraham sagt zu seinem Sohn Isaak: »Komm, wir wollen im Land Moria für Gott ein Opfer bringen.« Sie ziehen los und irgendwann fällt dem Knaben Folgendes auf: Sie schleppen Brennholz, sie haben Feuer, sie haben auch einen Strick und ein Messer, aber sie haben kein Opfertier. Dem Buben wird von Tag zu Tag unheimlicher zumute. Er wagt es nicht, aufkommende Vermutungen zu Ende zu denken. Mit leiser, heiserer Stimme stellt er schließlich seinem Vater eine diesbezügliche Frage. Abrahams Antwort ist: »Gott wird sich ersehen ein Schaf zum Brandopfer« (1 Mose 22,8).

Mit zitternden Händen hilft Isaak Steine für den Altar zu schichten. In seinem Herzen wütet der Zweifel: »Ich bin das Schaf. Soll ich fliehen? Soll ich vertrauen? Auf wen? Auf meinen Vater? Auf Gott? Wo ist er, ich kann ihn nicht sehen? Wozu hat Vater einen Strick mitgenommen?« Da fühlt er schon den Strick an seinen Beinen, damit er nicht fliehen kann, und dann an seinen Armen, damit er sich nicht wehren oder um Gnade flehen kann. Schon liegt er festgebunden auf dem Altar und schon hebt sein Vater das Schlachtmesser.

Da ertönt ein schallendes Blöken. Das Schlachtmesser bleibt in der Luft stehen, Isaak wird losgebunden und der Schafbock geschlachtet. Es ist einerlei, ob der Bock zufällig oder weil Abraham ihn vorbereitet hatte in dem Busch hing. Fest steht, seit diesem Tag sind Menschenopfer verboten.

Die von uns erfundenen Götter machten natürlich unsere Entwicklung in Richtung Humanismus mit, und die Hebräer waren wahrscheinlich die Ersten, die Menschenopfer verboten. Jetzt also wird der Herr mit von ihm erschaffenen Tieren beschenkt und beschwichtigt. Das Geschenk soll das menschliche Verzichten sein.

Isaak als Opfer

Isaak und Rebekka

Man gibt am Sederabend den Zahlen von eins bis dreizehn theologische Bedeutung: 1 ist Gott, 2 die Gebetstafeln, 3 die Väter (Abraham, Isaak, Jakob), 4 die Mütter (Sara, Rebekka, Lea, Rahel), 5 die Teile der Bibel, 6 die Ordnung der Mischna, 7 die Tage der Woche, 8 die Tage von der Geburt zur Beschneidung, 9 die Monate der Schwangerschaft, 10 die zehn Gebote, 11 die Sterne in Josefs Traum, 12 die Stämme Israels, 13 die Tugenden Gottes. Das Ganze wird in sich steigerndem Tempo gesungen.

Abraham schickt seinen Diener nach Mesopotamien, um eine Braut aus seiner Verwandtschaft für Isaak zu finden. Warum eigentlich? Es gibt bei den Kanaanitern viele schöne Töchter, und Götzenanbeter sind die Verwandten in Mesopotamien ja auch. Sollten etwa ausgerechnet wir Juden die Erfinder des Rassismus sein?

Abrahams Diener marschiert also mit zehn Kamelen durch die Wüste, kommt nach Nahors und da steht auch schon Rebekka, im Original Rivkah, am Brunnen und spricht: »Trink, mein Herr, mein Krug ist vor dir und auch deinen Kamelen will ich schöpfen.« Diese Worte sind reine Poesie, und das Bild wurde oft gemalt und besungen. Rivkah wird nach Sara die zweite Stammesmutter.

Rebekka verlässt ihr Heim und zieht mit nach Kanaan zu ihrem zukünftigen Gatten. Dort kommt ihnen Isaak von Weitem entgegen. Rebekka fragt: »Wer ist denn dieser, der uns entgegenkommt?«, und als man ihr antwortet »Das ist dein zukünftiger Mann«, da steigt sie »eilend vom Kamel« (1. Mose 24,64). Im Original *wetipol meal hagemal,* und sie fällt vom Kamel. Kamele haben einen sehr sicheren Sattel. Man muss schon bewusstlos werden, um da herunterzufallen. Als sie wieder zu sich kommt, verhüllt sie sich mit ihrem Mantel. Wie sah Isaak aus, dass man bei seinem Anblick vom Kamel fällt? Sollte Isaak, der von einer 90-Jährigen geboren wurde, ein abnormales Äußeres gehabt haben? Es gibt darüber keine Angaben, aber wir wissen, dass einer seiner Söhne, Esau, ein richtiges Fell hatte.

Isaak war auf alle Fälle ein großer Herr und Stammvater. Er grub viele Brunnen, die bis heute Wasser geben, obwohl sie von den eifersüchtigen Philistern immer wieder zugeschüttet wurden. Mit den Arabern unserer Zeit haben die Philister übrigens nur den Namen und die Eifersucht gemeinsam. Philister = *Plischtim* (hebräisch) = *Falastin* (arabisch) = Palestina. – Die Sprache der Philister war keine semitische und ihre Kultur sicher höher entwickelt als die der hebräischen Hirten. Sie lebten im 12. Jahrhundert vor Christus an der südlichen Küste Kanaans und verschwanden im 5. Jahrhundert vor der Zeitrechnung. Der Name Palästina wurde von den Römern für das Land Juda verwendet, um den revoltierenden jüdischen Nationalismus zu dämpfen. Aus demselben Grund nannten die Engländer das von ihnen 1920 bis 1948 als Protektorat verwaltete Gebiet Palästina.

Als in Kanaan wieder einmal eine Hungersnot herrscht, zieht Isaak nach Gerar, ins Land der Philister. Auch er behauptet, seine Frau Rebekka sei seine Schwester, aus demselben Grund, aus dem sein Vater Abraham es in Ägypten gesagt hat. Wenn man »kalte Lokschen« (jiddisch: Lügen) verkaufen will, dann darf man sie auch nicht wärmen. Isaak treibt es mit seiner Rebekka am offenen Fenster.

Abimelech, der König der Philister, geht vorbei und dieser Anblick interessiert ihn sehr. »Was tust du uns an? Es hätte jemand von uns im Glauben, sie sei deine Schwester, mit Rebekka eine Affäre beginnen können und wir hätten damit schwere Schuld auf uns geladen.« Abimelech nimmt es tatsächlich sehr streng mit der Heiligkeit der Ehe: »Wer diesen Mann oder sein Weib anrührt, der soll des Todes

Isaak mit Rebekka am Fenster

sterben« (1. Mose 26,11). Isaak bleibt im Land der Philister, macht eine grandiose Karriere als Landwirt und wird sehr reich.

Rebekka wird schwanger und gebärt Zwillinge, zwei Knaben. Der erste kommt hervor und es zeigt sich, dass er mit einem roten, zottigen Fell bedeckt ist. Der zweite dicht hinterdrein. »(...) der hielt mit seiner Hand die Ferse des Esau« (1. Mose 25,26). Das Original

»und seine Hand berührt die Ferse Esaus« deutet eher auf eine zufällige Bewegung hin, die Luther-Übersetzung eher auf die Absicht, das Erstgeburtsrecht seines Bruders zu verhindern. Naheliegend wäre es, zu sagen reiner Zufall, aber das wäre langweilig und langweilig ist die Bibel nie. Ein Benachteiligter hat wohl die Aufgabe, mit Energie und Intelligenz seine Benachteiligung aufzuwiegen. Dieser Aufgabe ist der Zweitgeborene tapfer nachgekommen. Sein Name ist Jakob, hebräisch Jakov. Er ist der Stammvater der Hebräer.

Die beiden Knaben wachsen heran, und eines Tages geschieht Folgendes: Der Erstgeborene, Esau, ist Jäger. Das Jagen mit Pfeil und Bogen ist ein mühsamer Beruf. Esau kriecht vor Sonnenaufgang im dornigen Gestrüpp herum. Gelsen und Skorpione machen ihm das Leben schwer, bis er endlich eine halb verdurstete Gazelle erlegt (oder auch nicht). Er kommt gegen Mittag total erschöpft ins väterliche Zelt. Dort steht sein Bruder Jakob und kocht rote Linsen. Jakob ist frisch und sauber, die Linsen duften nach Kräutern und Olivenöl. Esau, der sich kaum auf den Beinen halten kann, knurrt: »Laß mich kosten das rote Gericht« (1. Mose 25,30). Das Original »Füttere mich dieses das Rote, das Rote dieses« drückt mehr wilde Fresssucht aus. Jakob bietet ihm für das Erstgeburtsrecht eine Schüssel mit dampfenden, duftenden Linsen an und Esau akzeptiert. Lieber Linsen jetzt als Versprechungen für die Zukunft. Ein Standpunkt, der zweifellos einiges für sich hat, so aber wird man nicht der Stammvater einer Nation, die Jahrtausende überlebt, dabei manche einmalige Leistung vollbringt und auch noch viele Linsen verzehrt. Dazu gehören eben Energie und Talent und auch eine solide Chuzpe, und Jakob hat das alles.

Isaak fühlt, dass sein Ende nicht mehr weit ist. Er beauftragt Esau, ein Wild zu erlegen und dieses für ihn als letztes Mahl zuzubereiten,

Jakobs List

um dann den väterlichen Segen zu empfangen. Angestiftet von Rebekka, deren Lieblingssohn Jakob ist, hängt dieser sich ein Fell über den Arm, geht mit zwei gebratenen Ziegenböcklein zu seinem Vater und gibt sich für Esau aus. Isaak ist zwar schon blind, aber nicht taub. Er erkennt wohl die Stimme Jakobs, lässt sich aber von dem Ziegenfell, das er für Esaus behaarten Arm hält, täuschen.

Esau kommt zu spät mit seiner Jagdbeute. Er erfährt, mit welch einem lausigen Trick Jakob sich des Vaters Segen erschwindelt hat, und schwört Rache. Jakob flieht zur Familie seiner Mutter nach Mesopotamien. Esau beweint die Katastrophe. Der Segen des Vaters hat Jakob zum Herrn über Esaus Nachkommen gemacht und Isaak gibt ihm, was von seinem Segen noch übrig ist. »Von deinem Schwerte wirst du dich nähren und deinem Bruder dienen« (1. Mose 27,40). Das Original »Auf deinem Schwert wirst du leben« drückt aus, dass sein Schwert sein Lebensinhalt sein wird.

Jakob und seine Söhne

Wenn man in der Wüste schläft, mit einem Stein als Kopfpolster, dann kann es leicht vorkommen, dass man wunderliche Träume hat. Jakob träumt von einer Leiter, die bis in den Himmel reicht, und oben steht Gott (1. Mose 28,13). Gott bietet Jakob einen Bund mit Israel an. »Ich bin der Herr, Abrahams, deines Vaters, Gott und Isaaks Gott; das Land, darauf du liegst, will ich dir und deinem Samen geben. Und dein Same soll werden wie der Staub auf Erden, und du sollst ausgebreitet werden gegen Abend, Morgen, Mitternacht und Mittag; und durch dich und deinen Samen sollen alle Geschlechter auf Erden gesegnet werden« (1. Mose 28,14). Im Original »Du brichst durch bis zum Meer, zum Osten, zum Norden und Süden«. Dieser Text ist im Judentum ein Volkslied. Gott verspricht weiters, Jakob und seine Nachkommen auf ewig zu schützen.

Jakob erwacht, reibt sich die Augen und meint, wenn das so ist, dann biete ich Gott von allem, was Gott mir gibt, 10 Prozent und er wird mein Gott sein. Gott hat das Volk Israel also nicht erwählt,

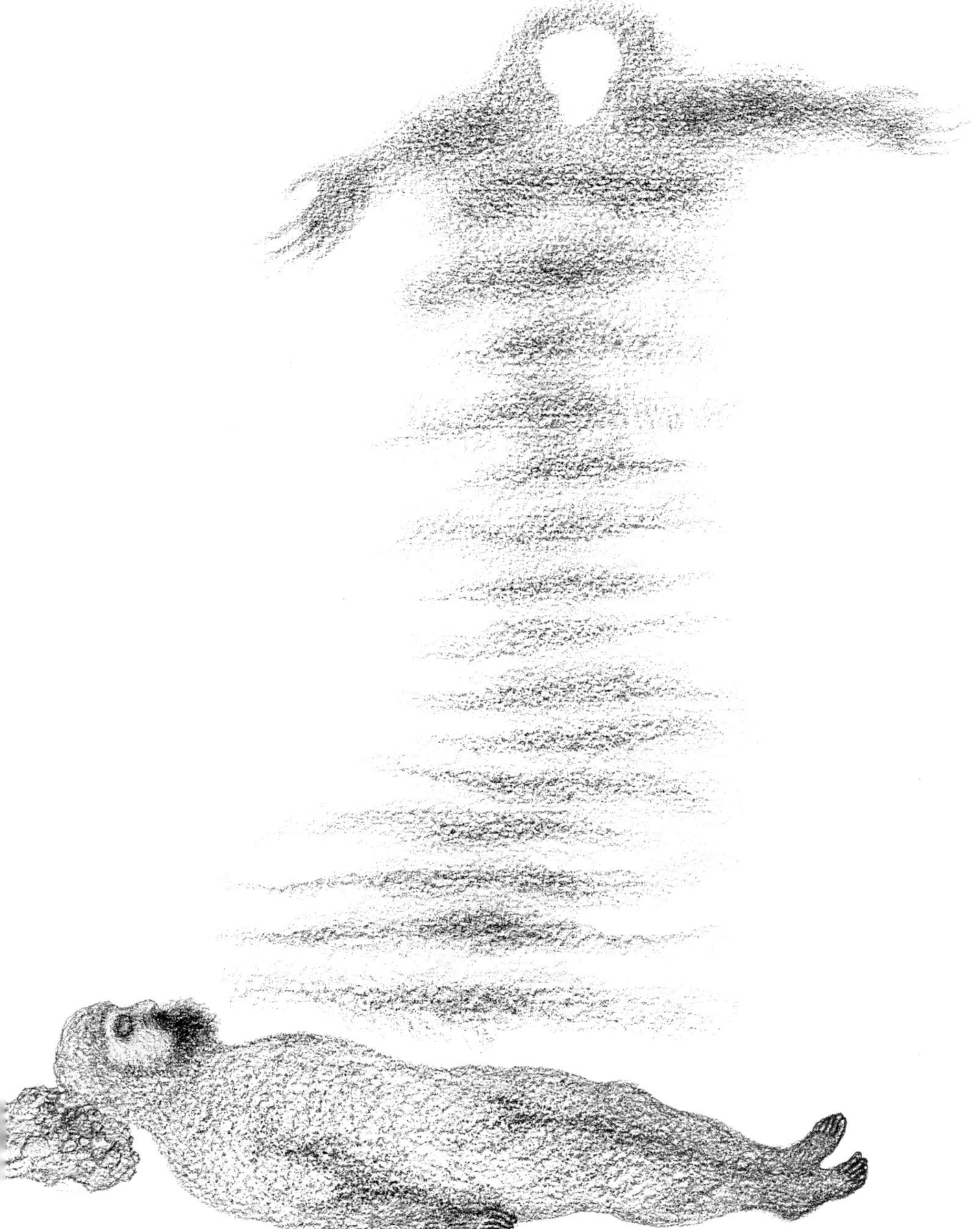

Jakobs Himmelsleiter

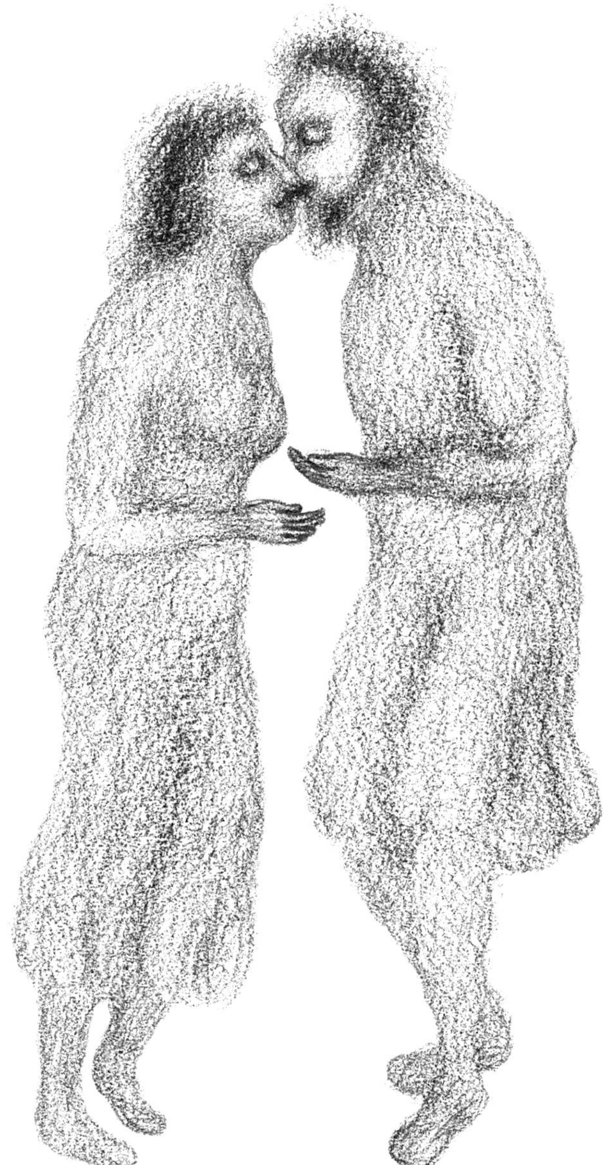

Jakob und Rahel

sondern das Volk hat Gott für sich erwählt, und zwar im Rahmen eines sehr günstigen Abkommens. Das erweist sich auch sogleich, denn die erste Person, die Jakob an seinem Ziel, in Mesopotamien, vorfindet, ist die schöne Rahel, hebräisch Rachel, seine Cousine.

Amor, der ja eigentlich als Gott der Griechen hier überhaupt nichts verloren hat, kennt bekanntlich keine ideologischen, rassischen oder religiösen Grenzen. Er legt einen Pfeil auf und trifft Jakob mitten ins Herz, wo der Pfeil für mindestens 14 Jahre stecken bleibt. Rahel kommt mit ihren Schafen und wird von Jakob geküsst (1. Mose 29,11): »Und er küßte Rahel und weinte laut (…)«.

Es ist bekannt, dass im Zustand des Verliebtseins bestimmte chemische Vorgänge in unserem Körper zur Folge haben, dass unser Verstand mangelhaft funktioniert. Offensichtlich eine geniale Erfindung der Natur, um zu verhindern, dass logische Erwägungen die Vermehrung der menschlichen Gattung verhindern oder ihr im Wege stehen.

Jakob macht mit Laban, Rahels Vater, eine Vereinbarung. Sieben Jahre Arbeit als Schafhirte für seine Tochter Rahel. Lea ist Rahels ältere Schwester. Sie »hatte ein blödes Gesicht« (1. Mose 29,17). Im Original: »Ihre Augen sind weich.« Die sieben Jahre sind um. Es kommt zur Hochzeit, da schwindelt Laban Lea in Jakobs Ehebett. Jakob dient also nolens volens dem Laban weitere sieben Jahre für Rahel.

Laban hat sich mit seinen Töchtern einen sehr tüchtigen Mitarbeiter eingehandelt, den er auch nach Strich und Faden auszubeuten gedenkt. Jakob ist aber auch nicht – wie man so sagt – »auf der Nudelsuppe dahergeschwommen«. Er macht Laban folgenden Vorschlag: »Alle bunten und gefleckten neugeborenen Ziegen und Schafe sollen mein sein, alle schwarzen dein.« Laban ist einverstanden, weil die meisten Tiere in der Wüste schwarz sind. Im grellen Sonnenlicht sind sie vom Schatten eines Steins kaum zu unterscheiden.

Jakob erfindet einen seltsamen Trick. Wenn die Tiere zur Tränke gehen, wo sie begattet werden, legt er unter die weiblichen Tiere Zweige, die durch teilweises Schälen der Rinde fleckig aussehen, was zur Folge hat, dass die Neugeborenen fleckig sind. Ich weiß nicht, ob das auch ohne einen speziellen Segen Gottes funktioniert, aber es wäre einen Versuch wert. Jakob auf jeden Fall wird mit diesem Trick stinkreich. Sein Reichtum besteht aus Ziegen, Schafen, Eseln und Kamelen, sodass die Bezeichnung »stinkreich« in diesem Fall sicher passend ist.

Laban natürlich wird immer mürrischer und Jakob sieht große Probleme auf sich zukommen. Er packt seine Familie auf Kamele und verschwindet bei Nacht und Nebel mit seinen Tieren und Sklaven in Richtung Heimat. Laban folgt ihm nach mit einer ganzen Streitmacht. Was ihn besonders giftet, ist die Tatsache, dass ein kleiner Hausgötze verschwunden ist. Jakob lässt alle Zelte nach ihm durchsuchen und verspricht, falls ein Dieb gefunden wird, diesen zu töten. Tatsächlich wurde der Götze von Rahel gestohlen, aber sie setzt sich auf ihn und behauptet, die Regel zu haben. Ein beliebter Trick für die unterschiedlichsten Gelegenheiten. Ein Traum erinnert Laban auch daran, dass Jakob ein Gesegneter Gottes ist, und man verabschiedet sich in Frieden.

Sehr bald stellt sich aber heraus, dass Rahel zwar schön ist, aber Probleme hat, Kinder zu gebären. Die schielende Lea hingegen ist fruchtbar wie eine Katze und ihr Beitrag zu der zwölfköpfigen Mannschaft der hebräischen Stammväter sind sechs Söhne und eine Tochter: Ruben, Simeon, Levi, Juda, Isaschar, Sebulon und Dina, die

Tochter, dazu zwei Söhne, Gad und Asser, von ihrer Sklavin Silpa. Rahel in ihrer Verzweiflung wendet Mama Saras Sklavinnen-Trick an, und ihre Sklavin Bilha bringt zwei Söhne zur Welt, Dan und Naphtali. Zuletzt gebärt Rachel doch noch zwei Söhne, Josef und Benjamin. Bei Benjamins Geburt stirbt sie.

Das Baby Benjamin tötet also seine Mutter, indem es geboren wird. Und tatsächlich gibt es im Verlauf der Geschichte dramatische Schilderungen über die Taten und Missetaten des Stammes Benjamin. Josef ist aber das Kind einer großen Liebe und auch dies scheint von Bedeutung zu sein. Er wird der moralische Anker und Retter des ganzen Stammes der Hebräer. Die Kinder Leas hingegen sind geboren in Eifersucht und Hass der Mutter. Zwei von ihnen, Simeon und Levi, sind problematisch.

Jakob reist also mit allem, was er hat, zurück nach Kanaan. Er fürchtet seinen Bruder Esau und schickt einen Teil seiner Mannschaft voraus. Als er allein am Fluss Jabbok verweilt, wird er von einem Mann überfallen, mit dem er die ganze Nacht kämpfen muss. Im Morgengrauen verrenkt sein Gegner ihm die Hüfte und will sich verabschieden. Jakob aber sagt: »Ich lasse dich nicht, du segnest mich denn« (1. Mose 32,27).

Es stellt sich heraus, dass Jakob die ganze Nacht mit Gott gerungen hat und aus diesem Kampf als Sieger hervorgegangen ist. Von dieser Stunde an heißt Jakob »Israel« und so heißt auch sein Stamm bis heute. Eine der vielen seltsamen Ideen der Naziregierung war es, allen Juden zwangsweise den Namen Israel zu verpassen und allen Jüdinnen den Namen Sara. Sie hielten das wohl für eine niederschmetternde Demütigung. In meiner Geburtsurkunde steht bis heute der Name Israel, was »Überwinder Gottes« bedeutet. Dies ist sicher nicht schlechter als zum Beispiel »Schikelgruber«.

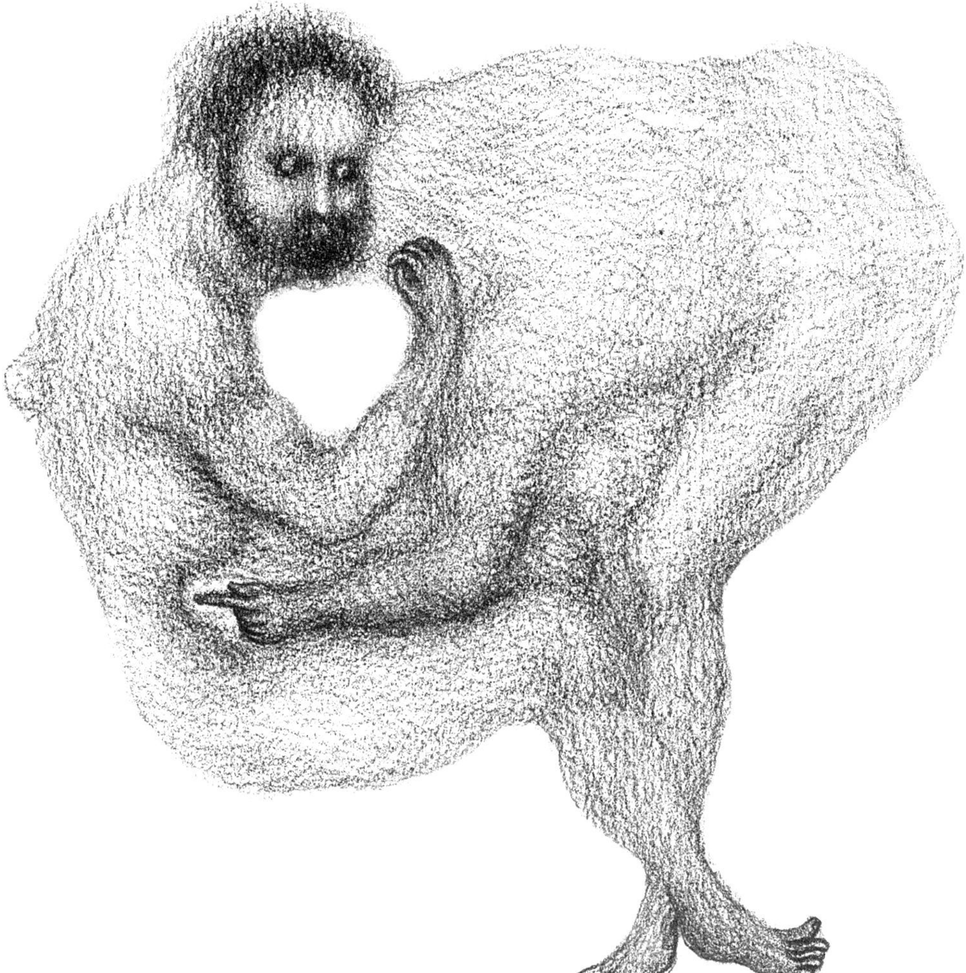

Jakob ringt mit Gott.

Sara bedeutet »mächtig«. Davon kommt das hebräische Wort *sar*, Minister. Heute ist Sara einer der beliebtesten Mädchennamen in Europa.

Jakob heißt jetzt also Israel. Er kehrt zurück nach Kanaan und versöhnt sich mit seinem Bruder. Esau geht es sehr gut, also sind ihm Erstgeburtsrecht und Vatersegen ziemlich einerlei und er verzichtet auf Rache. Ein sehr nachahmenswertes Beispiel, das bei so manchem Problem hilfreich sein könnte.

Jakob wird sesshaft in der Nähe der Stadt Sichem. Die Tochter Leas, Dina, geht in dieser Stadt spazieren. Es gibt dort natürlich weder Kino noch Supermarkt, aber es gibt dort den Sohn des Landesfürsten von Sichem. Der sieht Dina und weg ist die kostbare Jungfernschaft. Der Papa wird's schon richten. Tatsächlich gelingt ein für alle Beteiligten günstiges Arrangement. Sämtliche männlichen Wesen von Sichem, Tier und Mensch, lassen sich beschneiden, was ihnen einen günstigen Platz im Paradies sichert, und der junge Prinz heiratet Dina. Jakobs Stamm darf sich im Land ausbreiten und nach Belieben Häuser bauen und Herden züchten. Der Herr Papa war offensichtlich ein hervorragender Populist, denn es gelingt ihm tatsächlich, alle Bürger der Stadt dazu zu bringen, sich beschneiden zu lassen.

Dina ist die leibliche Schwester von Simeon und Levi. Die beiden warten drei Tage in aller Ruhe, bis alle Beschnittenen krank darniederliegen, schleifen ihre Schwerter, gehen in die Stadt und schlachten alle Männer ab.

Daraufhin laufen alle Söhne Jakobs eiligst in die Stadt und plündern, was nicht niet- und nagelfest ist. Alle Tiere und Feldfrüchte, die Frauen und die Kinder nehmen sie als Sklaven mit (1. Mose 34,25–29), steht in der Bibel.

Simeon und Levi

Jakob stört an diesem Massaker eigentlich nur, dass er jetzt mit seinem Stamm schleunigst verschwinden muss, da ja zu befürchten ist, dass sich die Stämme der Umgebung zusammentun, um ihn zu vernichten. Als er Simeon und Levi diesbezüglich Vorwürfe macht, ist die unwidersprochene Antwort der beiden: »Soll unsere Schwester wie eine Hure behandelt werden?« Aber Jakob und sein Sohn Josef werden das Verbrechen von Levi und Simeon nicht vergessen, und am Ende seines Lebens verflucht Jakob die beiden. »Verflucht sei ihr Zorn, daß er so heftig ist« (1. Mose 49,7).

Diese dramatische Bedeutung, die der weiblichen Jungfernschaft in vielen Teilen der Welt bis heute zugewiesen wird, hatte ursprünglich einen guten Grund. Seit Männer Besitz haben, wollen sie sicher sein, dass die Erben desselben die eigenen Nachkommen sind. Natürlich wuchert rund um diese Problematik seit Jahrtausenden eine ganze Kultur von Kontrolle und Unterdrückung der Frauen. Inzwischen wissen wir, wie man die Vaterschaft feststellen kann, aber das hat so mancher Mann noch nicht begriffen.

Josef ist Jakobs Lieblingssohn, weil er das Kind von Rahel ist, und dieser schenkt ihm einen bunten Rock (1. Mose 37,3). Im Original ein »gestreiftes Hemd«. Josef hat von Kindheit an prophetische Träume, die seinen Brüdern absolut nicht behagen. Josef schildert mit der Naivität eines Kindes, wie alle seine Brüder vor ihm im Staub knien und wie ihre Nachkommen für alle Zeiten den seinen untertan sein werden. Josefs Brüder tun solche Träume nicht als Kinderphantasien ab, sondern sie erkennen in diesen Weissagungen eine tödliche Gefahr, der man nur mit Mord und Totschlag begegnen kann.

Eifersucht ist wohl das gefährlichste Ungeheuer in unserer Seele. Es ergibt sich eine günstige Gelegenheit. Als Josef seine Brüder in der Wüste trifft, beschließen sie, ihn umzubringen. Sie wollen verhindern, dass seine Träume wahr werden. In Josefs Traum herrscht er über seine Brüder. Ruben, der Älteste, will ihn schützen, aber als eine Karawane mit arabischen Kaufleuten vorbeikommt, verkaufen sie Josef um 20 Silberlinge. Das gestreifte Hemd tränken die Brüder mit Tierblut und bringen es zu Jakob, als Beweis für den Tod Josefs durch ein Raubtier. Mit gestreiften Kleidern hatten wir immer schon gewisse Probleme.

Es ist Juda, der mit diesem Geschäft das Leben Josefs rettet, und vielleicht ist das auch der Grund, dass gerade sein Stamm als Einziger von den zwölf Stämmen Israels bis heute gesichert existiert.

Juda hat drei Söhne, Ger, Onan und Sela. Ger ist ein ekelhafter Kerl, stirbt früh, und seine Frau Thamar bleibt als kinderlose Witwe zurück. Da beauftragt Juda seinen Sohn Onan, mit der Witwe seines verstorbenen Bruders ein Kind zu zeugen, damit dieser Zweig seines Stammes nicht vertrocknet. Onan tut also, was man tun muss in diesem Fall. Er will aber keine Nachkommen, die von der Frau seines Bruders geboren sind, springt im richtigen Moment ab, wie man so sagt, und wirft seinen Samen auf die Erde. Aus dieser Geschichte haben die alten Herren Monotheisten eine verlogene, menschenfeindliche Theologie zusammengedichtet. Vom Onanieren wird man blind, man wird impotent, man kommt in die Hölle etc. etc. … Dabei hat Onan gar nicht onaniert, sondern tapfer Liebe gemacht, und sein Name wird fälschlich verwendet. Gott nahm Onans Leben nicht, weil masturbieren so verwerflich ist, sondern weil er den Auftrag seines Vaters missachtet und Thamar nicht befruchtet hat. Trotzdem kommt Thamar zu einem Nachkommen. Sie hüllt sich in einen Mantel, setzt sich ans Stadttor, wo die Prostituierten ihrem Geschäft nachgehen. Juda kommt vorbei, hält sie für eine Nutte und macht sich an sie heran. Man beginnt wie üblich zu handeln. Sie:

Thamar und Juda

»Gib mir einen Ziegenbock.« Er: »Hab gerade keinen bei mir, werde dir einen schicken.« Sie: »Kann jeder sagen. Gib mir als Pfand deinen Ring, deine Schnur und deinen Stab.« Gesagt, getan.

Bald darauf wird Thamar schwanger, und in so einem Fall wird man als Witwe natürlich verbrannt, Ordnung muss sein. Thamar aber knallt Juda Ring, Schnur und Stab auf seinen Tisch und gebärt Zwillinge. Vom Verbrennen ist natürlich nicht mehr die Rede, und der Stamm Juda hat seine Nachkommen. Es geht auch anders, aber so geht es eben auch.

Josef

Josef wird in Ägypten vom reichen Potiphar gekauft. Wenn der Sklave sehr klug und begabt ist, der Herr aber dumm und faul, dann hat oft bald der Sklave die Zügel in der Hand. Man kann diesen Vorgang auch in der Geschichte oft beobachten. Völker versklaven Völker, von denen sie zuletzt beherrscht werden. Die Mamelucken in Ägypten, die Janitscharen in der Türkei und viele andere.

Im Fall von Josef und Potiphar ist es zum Segen des Hauses. Josef ist nicht nur klug und tüchtig, sondern auch sehr schön. Die Frau Potiphars ist wohl wesentlich jünger als ihr Gatte und sie beginnt ihren Sklaven mit Blicken zu verfolgen. Gelegentlich streicht sie leicht bekleidet, in wiegendem Gang in seiner Nähe herum. Für sie ist es zunächst ein Spiel, so wie man eine Blume oder Katze, die man besitzt, streichelt oder wegwirft. Josef aber reagiert nicht. Anstatt in seliger Dankbarkeit kriechend die Gnade der Herrin zu empfangen, versteht er es, immer geschickt auszuweichen und verfängliche Situationen zu neutralisieren. Die Dame des Hauses kocht vor Wut und

Leidenschaft. Sie packt Josef mit Gewalt an seinem Kleid. Josef flieht, das Kleid bleibt in ihrer Hand und sie verwendet es als Beweis gegen Josef, der sie angeblich vergewaltigen wollte.

Was macht man als Sklave, wenn man von der Herrin mit Liebeserklärungen verfolgt wird? Lässt man sich auf ein Verhältnis ein, wird dieses irgendwann entdeckt und man ist tot. Lässt man sich nicht ein, ist der Stolz der Herrin verletzt und man ist ebenfalls tot. Josef wählt die Version zwei. Er begründet seine Ablehnung mit dem sechsten Gebot (Du sollst nicht ehebrechen), obwohl damals die Zehn Gebote noch gar nicht vorhanden waren. Er vermutet, dass Potiphar, der ja seine Gattin gut kennt, sicher weiß, was wirklich Sache ist.

Tatsächlich schickt Potiphar Josef nicht in den Tod, sondern ins Gefängnis. Die Gefängnisse müssen damals in Ägypten in viel besserem Zustand gewesen sein als heutzutage. Josef lebt sich schnell ein und wird Kapo über alle Gefangenen. Er macht eine Karriere als Traumdeuter. Traumdeuter kann man immer brauchen und nach zehn Jahren wird er aus dem Gefängnis herausgeholt, um die spannenden Träume des Pharaos zu deuten. Pharao hat von sieben fetten Kühen geträumt, die von sieben mageren Kühen aufgefressen werden, weiters von sieben dürren Ähren, die sieben dicke Ähren verschlingen.

Ägypten lebte damals ausschließlich von der Landwirtschaft, und es lag auf der Hand, dass es sich um sieben gute und sieben schlechte Jahre handeln musste. Hätte ich dem Pharao auch sagen können. Die Weisen des Pharaos kamen nicht auf diese naheliegende Idee und Josef wurde als gottbegnadetes Genie gefeiert. Das Genie war aber in Wirklichkeit der Pharao selber, denn er hatte ja im Traum prophetische Gedanken. Wie kann ein Mensch zukünftige Ereignisse voraus-

Potiphars Frau und Josef

sagen respektive vorausträumen? Dies kann eigentlich nur geschehen, wenn alle Ereignisse im Vorhinein feststehen, gewissermaßen schon geschehen sind. Wenn ich einen Stein ins Wasser werfe, kann ich voraussagen, dass er untergehen wird, weil ich solches oft beobachtet habe und auch weiß, warum der Stein untergeht. Je größer mein Wissen, umso reicher meine Fähigkeit, Ereignisse vorauszusagen. Weil unser Kosmos aber ein verflochtenes System ist, in dem alles von allem abhängt, komme ich mit meinen Prophezeiungen über die Sache mit dem Stein nicht sehr weit hinaus und lande unweigerlich in der Welt der Vermutungen.

Der Pharao hatte reiche Erfahrung in Bezug auf das Wetter mit seinen periodischen Schwankungen im Laufe der Jahre. Er lag mit seinen geträumten Vermutungen richtig. Josef wird zum Chef-Organisator der Wirtschaft ernannt, und er macht das ganz im Sinn von »Ägypten zuerst«. Er kauft in den fetten Jahren billiges Getreide auf, lagert es ein und verkauft es in den dürren Jahren zu horrenden Preisen. Die Menschen bringen ihren letzten Groschen für Brot, dann verkaufen sie ihre Länder und zuletzt sich selbst, »denn die Teuerung war groß in allen Landen« (1. Mose 41,57), im Original »der Hunger war groß«.

So gelingt es Josef, die Bevölkerung Ägyptens und der umliegenden Länder zu besitzlosen Sklaven des Pharaos zu machen. Trotz seiner Begabung als Traumdeuter vermutet er nicht, dass eines dieser Sklavenvölker seine eigene Familie sein wird. Auch in Kanaan ist man am Verhungern und Jakob schickt seine Söhne nach Ägypten, um Brot zu kaufen. Sie marschieren los, zehn Mann hoch. Benjamin, der jüngste Sohn von Rahel, bleibt bei Jakob. Jetzt passiert natürlich genau, was Josef als Knabe geträumt hat. Die zehn Brüder kommen nach Ägypten, erkennen Josef nicht und fallen vor ihm zu Boden und flehen um Brot. Josef erkennt sie wohl. Eigentlich müsste er jetzt alle umbringen lassen, vielleicht mit Ausnahme von Ruben, aber er erweist sich als der Erste in der Bibel, der imstande ist zu verzeihen. Zunächst aber ein bisschen Angst einjagen kann nicht schaden. Er schickt seine Brüder zurück, um Benjamin zu bringen, und behält Simeon, den er in Ketten legt, zurück als Pfand.

Zuletzt wird Benjamin gebracht und Josef gibt sich zu erkennen und alles löst sich in Freudentränen und Geschenken auf. Das Gebiet Gosen wird als Weideland für die ganze Familie der Hebräer zur Verfügung gestellt. Jakob übersiedelt mit seiner 74-köpfigen Familie und seinen Tieren nach Ägypten, um die Dürreperiode zu überleben und um seinen Sohn Josef noch einmal zu sehen.

Die Bibel und auch die Haggada lehren uns ausdrücklich: »Jakob zog nach Ägypten, nicht um sich dort ansässig zu machen, sondern nur um dort zu wohnen.« Im Original *Lo lehischtakea ela lagur sham* – »das versprochene Land Kanaan bleibt immer das endgültige Ziel Israels«.

Jakob stirbt und seine Nachkommen bleiben 400 Jahre in Ägypten und werden zu einem großen Volk – *goi gadol*. Das Wort *goi* ist keineswegs ein Schimpfwort, sondern bedeutet einfach Stamm. Im heutigen Sprachgebrauch verwenden wir Juden es als Bezeichnung für Nichtjuden.

Moses, unser Lehrer

Sehr bald aber finden die Ägypter, dass sich diese Hebräer etwas zu rasch vermehren, und machen sie zu Arbeitssklaven. Steine schleppen unter der ägyptischen Sonne ist eine mühsame Tätigkeit und je schlechter es Menschen geht, umso mehr Kinder werden gezeugt. Dies scheint zwar verwunderlich, aber nicht alles, was wir selbst tun, sind wir auch imstande zu verstehen.

Die Ägypter bemerken die rasche Vermehrung mit Sorge und befehlen, alle männlichen Kinder der Hebräer zu ertränken. Das war nicht nur unmenschlich, sondern auch sehr dumm, denn ein Volk vermehrt sich ja vor allem durch weibliche Nachkommen. Es sind auch zwei Frauen, die einen Strich durch diese Rechnung machen: Eine Hebräerin vom Haus Levi steckt ihren Neugeborenen in eine Schachtel aus Schilf und versteckt ihn am Nil-Ufer. Die Tochter des Pharaos findet diese Schachtel im Wasser und adoptiert das Baby. »Und sie hieß ihn Mose (hebräisch Mosche); denn sie sprach: Ich habe ihn aus dem Wasser gezogen« (2. Mose 2,10).

Einen gefährlichen Widersacher zieht man sich am ehesten an der eigenen Brust groß. Auch das kann man aus der Bibel herauslesen. Moses wächst im Haus des Pharaos auf und wird ein gebildeter, selbstbewusster Mann. Eines Tages sieht er, wie ein hebräischer Sklave von einem Aufseher gepeinigt wird. Da tut er, was leider zu selten getan wird. Er nimmt einen Stein und erschlägt den Aufseher und verscharrt ihn im Sand. So etwas hat die Herrschaft aber gar nicht gern. Moses muss fliehen, kommt ins Land Midian und heiratet dort die Tochter eines Götzenpriesters, ihr Name ist Zippora. Moses hütet die Tiere seines Schwiegervaters in der Wüste und Gott erscheint ihm in einem brennenden Dornbusch.

Der brennende Dornbusch

Es fällt auf, dass Gott nie in einer gemütlichen Oase erscheint, sondern immer in der Wüste, wo man vor Hitze und Durst fast den Verstand verliert und gelegentlich eine Fata Morgana sieht.

Moses wird von Gott aufgefordert, sein Volk von der Unterdrückung durch die Ägypter zu befreien und nach Kanaan zu führen, in das Land, wo Milch und Honig fließen. Es kommt zu einem langen Gespräch zwischen Gott und dem Menschen Moses über das große Thema: Soll man sich ducken oder soll man sich gegen Tyrannen wehren?

Die Bibel schildert ausführlich das System der Ausbeutung des Menschen durch den Menschen in seiner ganzen Grausamkeit. Moses will sich vor dieser Aufgabe drücken: Die Leute werden mir nicht folgen, die Herrscher sind uns überlegen. Ich selber »bin je und je nicht wohl beredt gewesen« (2. Mose 4,10), im Original »von schwerer Zunge bin ich«.

Gott verspricht Hilfe und Wunder. Moses wird in diesem Gespräch, das in Wirklichkeit ein Selbstgespräch gewesen sein muss, für Jahrtausende zu einem Symbol der Freiheit. Es folgt eine langwierige Konfrontation zwischen Moses, unterstützt von seinem Bruder Aaron, und dem Pharao. Es beginnt mit einer Art Wettzaubern mit Stock und Schlange. Es setzen zehn Plagen ein, die als Wunder zu verstehen sind: Blut, Frösche, Ungeziefer, wilde Tiere, Viehseuche, Aussatz, Hagelschlag, Finsternis, Erschlagung der Erstgeborenen. Zuletzt mündet das Ganze in ein Blutbad. Die Erstgeborenen der Ägypter werden erwürgt, die Hebräer erhalten von der ägyptischen Bevölkerung viele Wertgegenstände und ziehen davon, geradewegs durch das Rote Meer, das sich vor ihnen teilt.

Bei Betrachtung der Landkarte taucht natürlich die Frage auf, warum und wo die Israeliten durch das Meer gegangen sind. Man kann auf dem kürzesten Weg trockenen Fußes von Ägypten nach Kanaan wandern. Das Rote Meer wird in der Bibel Schilfmeer genannt. Ein Name, der sich in der hebräischen Sprache erhalten hat, obwohl noch nie jemand dort auch nur ein einziges Schilfrohr gesehen hat. Das alles ist aber völlig unwichtig angesichts des einmaligen, dramatischen Bildes des sich teilenden Meeres. Das Wasser steht zu turmhohen, durchsichtigen Mauern erstarrt, oben in übernatürlichen Wirbeln tobend. Ein Spalier für das Volk der Hebräer. Als Erzählung, als Bild und als Idee ist der Gedanke ein Jahrtausendkunstwerk und in diesem Sinne heilig.

Die Armee der Ägypter hetzt hinterdrein und versinkt mit Ross und Mann im Meer. Die beabsichtigte Lehre ist eindeutig: Gott ist der Größte. Seinem »starken Arm« kann keiner widerstehen. Was soll das Kräftemessen zwischen dem Schöpfer der Welt und einem Pharao mit seinen Zauberern? Wozu ein Meer teilen, um Macht damit zu beweisen, wenn man selber der Schöpfer aller Meere ist? »Der Herr verstockte das Herz Pharaos« (2. Mose 9,12), original »verhärtet Pharaos Herz«, um diese Macht dramatisch zu beweisen.

Diese Aussage ist eine heikle. Man könnte daraus lernen, Böse müssen böse sein, wenn Gott es will. Da stellt sich die Frage, ob der Mensch auch böse sein kann, wenn Gott es nicht will, oder aber wir haben überhaupt keinen freien Willen. In diesem Fall wären wir prinzipiell unschuldig. Wieso soll ein Gott beweisen wollen, dass er stärker ist als ein Mensch mit einem harten Herzen?

Es ging offensichtlich um eine Kraftprobe zwischen Göttern, zwischen den Göttern der Ägypter und dem Gott der Hebräer. Dass es nur einen Gott gibt, konnte sich damals offensichtlich niemand vorstellen und man fragt sich, ob sich das heute jemand wirklich vorstellen kann. Die Mohammedaner zum Beispiel, denen ja die

Das Meer teilt sich.

Einmaligkeit Gottes so wichtig scheint, rufen auch nicht »Gott ist groß« – *Allah kabir,* sondern »Er ist der Größte« – *Allahu akbar.* Das deutet doch darauf hin, dass er größer ist als andere Götter, denn dass er größer ist als der Präsident der Vereinigten Staaten versteht sich ja von selbst. Der Text der Bibel beschreibt zum großen Teil ein Ringen gegen fremde Götter, was nicht der Fall wäre, hätten die Verfasser sich wirklich eine Welt mit einem einzigen Schöpfer vorstellen können.

Die Kinder Israels sind also durch das Meer gegangen und sehen mit Begeisterung, wie die Ägypter qualvoll Salzwasser schlucken und ertrinken. Moses' Schwester Mirjam nimmt die Trommel und spielt singend zum Tanz auf.

Die Engel im Himmel jubeln. Da meldet sich Gott zu Wort: »Die Frucht meiner Hände Arbeit versinkt im Meer und ihr jubelt«, *maa'ase jadei tovim ba jam ve atem rogoim* (Mischna Talmud). Dieser Satz ist von dramatischer Wichtigkeit, denn er beinhaltet den Auftrag zur Feindesliebe. Es ist ein Auftrag, der wie kein anderer im krassen Gegensatz zum persönlichen Egoismus steht.

Die Hebräer sind frei in der Wüste und rasch merken sie, dass Freiheit keineswegs eine leichte Last ist. Wo ist Wasser? Wo ist Hoffnung? Wohin führt uns Moses? Als Sklaven hatten wir Fleisch zu essen, hier leben wir von fliegenden Samenkörnern (Manna). Eine ganze Generation war nicht imstande, in Freiheit und ohne Götzen zu leben. Man baut sich ein goldenes Kalb und Moses muss das Volk 40 Jahre lang von Wunder zu Wunder durch die Wüste schleppen. Es muss eine neue Generation heranwachsen, die fit und würdig ist für das Heilige Land. Diesbezüglich hat sich ebenfalls bis heute nicht viel geändert. Viele alte Russen träumen heute noch von der langweiligen Sicherheit der Sowjet-Sklaverei.

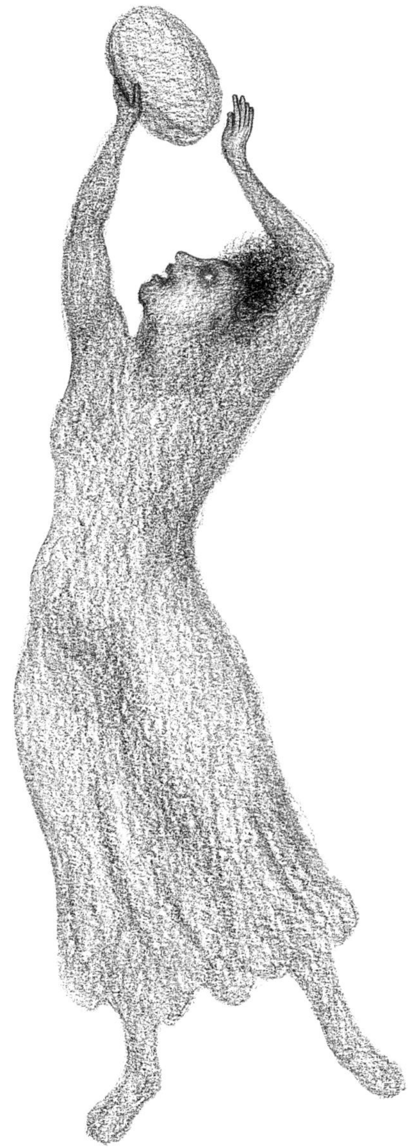

Mirjam tanzt.

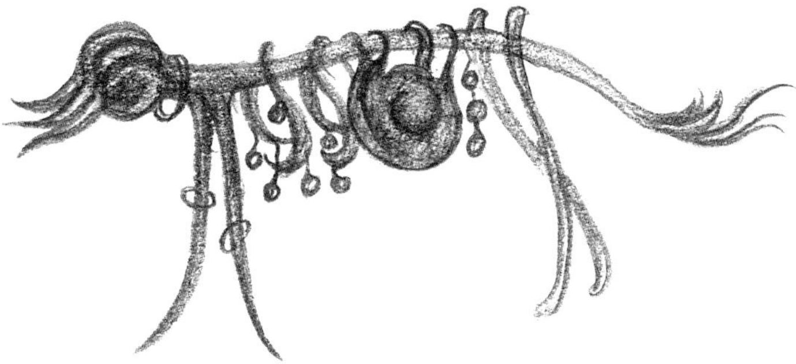

Das goldene Kalb

Wahrscheinlich ist das Volk der Hebräer ein besonders unbändiges. Gott selbst bezeichnet uns als *am kashe oref* – hartnäckiges Volk. Die sogenannte Auserwähltheit ist aber zweifellos auch das einmalige Schicksal einer Religionsgemeinschaft, die eine gemeinsame Sprache, sogar teilweise gemeinsame rassische Merkmale aufweist und dies über Jahrtausende bewahren konnte, ohne ein eigenes Land zu besitzen. Diese Existenz als Minderheit unter ständigem Druck hat bestimmte Fähigkeiten, Eigenschaften und Traditionen besonders stark entwickelt, die das Überleben möglich machten.

Die zehn Gebote

Wie alle Säugetiere, die in Gruppen leben und voneinander abhängig sind, werden auch wir mit egoistischen und altruistischen Eigenschaften geboren. Wäre es nicht so, würden wir sicher nicht mehr existieren. Unser Egoismus hat eine sehr starke Basis. Wir wollen Schmerzen aller Art vermeiden und Lustgefühle aller Art gewinnen. Unser Altruismus basiert auf Brutpflege-Instinkt, Eros und Kooperationsbereitschaft, steht oft in krassem Widerspruch zu dem viel solideren Egoismus und muss daher durch Gesetze unterstützt werden. Wir erfinden also Götter, die Gesetze geben und diese mit Drohungen und Versprechungen durchzusetzen versuchen. Es ist aber bemerkenswert zu beobachten, dass in Zeiten, in denen der Glaube an göttliche Versprechungen und Drohungen allgemeines und selbstverständliches Weltbild war, die Androhung ewiger Qualen keineswegs zur Folge hatte, dass wir unseren Egoismus bändigen. Ebenso bemerkenswert ist, dass Atheisten, die davon ausgehen, dass der Tod das Ende ihrer bewussten Existenz ist, durchaus imstande sind, sich für eine Idee, die sie für richtig halten, aufzuopfern. Man sollte annehmen, dass der logische Verstand in beiden Fällen das Verhalten bestimmt oder zumindest mitbestimmt, was aber offensichtlich keineswegs der Fall ist. Der Verdacht liegt nahe, dass sowohl der Glaube als auch der Nichtglaube auf sehr schwachen Beinen stehen und wir letztlich hinter unseren angeborenen Verhaltensweisen hertaumeln in der Einbildung, einen freien, von unserer Intelligenz gesteuerten Willen zu besitzen. Trotzdem haben Regeln und Gesetze es ermöglicht, dass die Menschheit in gewaltigen Ansammlungen existieren kann. Die Selbstvernichtung durch Egoismus hat bis dato nicht stattgefunden.

Der Berg Sinai ist 2285 Meter hoch. Der felsige Gipfel ist heutzutage vom Katharinenkloster aus zu Fuß oder mit einem Maultier in zwei bis drei Stunden zu ersteigen. Wenn man bei Sonnenaufgang oben steht und die Wüste rot und mit violetten Schatten in den Tälern ausgebreitet vor einem liegt, ist es gut vorstellbar, dass hier Außergewöhnliches geschehen kann. Und wenn nicht anders, so zumindest im Kopf des Propheten Moses. Die Bibel schildert, wie die Stimme Gottes Moses beauftragt, das Volk in seinem Namen zu heiligen. Alle müssen sich und ihre Kleider reinigen, niemand darf den Berg berühren, und am dritten Tag verkündet Gott in einer »dicken Wolke« mit Donner und Blitz die Zehn Gebote (2. Mose 19,16). Der Berg Sinai war sicher nie ein Vulkan. Für die Araber gilt der sogenannte Dschebel Musa (Mosesberg) als Berg der Verkündung. Dieser war aber ebenfalls nie ein Vulkan, also handelt es sich entweder um ein außerirdisches Geschehen oder das Ganze ist erfunden – aber wenn, dann sehr gut.

1. »Ich bin der Herr, dein Gott, der ich dich aus Ägyptenland, aus dem Diensthause, geführt habe.« (2. Mose 20,2)
Das erste Gebot schwebt gewissermaßen über allen anderen Geboten. Ich bin dein Gott und kein anderer, was darauf hinausläuft, dass es andere Götter gibt. Dein Gott, der dich aus der ägyptischen Sklaverei gerettet hat, also ein Gott vor allem für Israel.
2. »Du sollst dir kein Bildnis noch irgendein Gleichnis machen (…)« (2. Mose 20,4)
Im Original »Mach keine Skulptur, keinerlei Bild, das ist im Himmel, das ist auf der Erde, das ist im Wasser, das ist unter der Erde.« Es war in jener Zeit sicher nicht möglich, im Himmel schwebende Bilder oder Skulpturen zu machen, also muss man davon ausgehen, dass es auch verboten ist, sich in der Fantasie andere Götter vorzustellen. Das Verbot, Figuren zu machen, ist natürlich ein gewaltiger Schaden für die bildende Kunst. Der jüdische Beitrag zur bildenden Kunst ist im Vergleich zu den jüdischen Leistungen auf dem Gebiet der Musik, Literatur und des Theaters minimal. Die große Begabung der Araber drückt sich in ihrer Schrift, in den Arabesken und in der arabischen Buchmalerei aus. Figurative Skulptur und Malerei ist aber auch bei ihnen kaum vorhanden. Trotzdem fällt es uns offensichtlich sehr schwer, ohne einen Gott zum Angreifen auszukommen. Bis heute werden Steine und Plätze von Juden und Mohammedanern abgeküsst, und auch Gott selbst verlangt von Anfang an immer wieder den Bau von Altären.
3. »Du sollst den Namen des Herrn, deines Gottes, nicht mißbrauchen.« (2. Mose 20,7)
Das wäre folgendermaßen zu verstehen: Du sollst nicht mit Paro-

len wie »Gott will es« oder »Allahu akbar« leichtfertig Politik machen, aber leider steht es so nicht in der Schrift. Im Original »Du sollst den Namen Gottes nicht überflüssig verwenden«. Nicht eitel nennen, trifft eher den Sinn.

4. »Du sollst den Sabbat heiligen.« (2. Mose 20,8)
Die Heiligung des Sabbats ist wohl einer der größten Beiträge, die das Alte Testament geleistet hat. Der Ruhetag gilt für alle Juden, alle Nichtjuden, alle Gäste, alle Sklaven, alle arbeitenden Tiere und alle Nutzpflanzen. Für die Pflanzen gilt alle sieben Jahre ein Ruhejahr. Arbeit wird als Schöpfungsvorgang beschrieben und Ruhe als eine Art »Lebewesen-Recht«. Es ist die Mutter aller sozialen und ökologischen Bewegungen.

5. »Ehre Vater und Mutter, dann wirst du lang leben.« (2. Mose 20,12)
Die Geburtsstunde der Altersversorgung und Krankenversicherung, denn man wird ja selber einmal ein alter Vater oder eine alte Mutter sein. Wer die Eltern schlägt oder verflucht, wird mit dem Tod bestraft.

6. »Du sollst nicht töten.« (2. Mose 20,13)
Im Original heißt es »nicht morden«. Morden, hebräisch *lirzoach*, töten, hebräisch *lachrog*. Dies ist ein sehr bedeutender Unterschied, denn um zu strafen oder im Krieg darfst du nach der Bibel natürlich töten, oder wenn Gott es will, musst du sogar töten.

7. »Du sollst nicht ehebrechen.« (2. Mose 20,14)
Jeder Geschlechtsverkehr außerhalb der Ehe ist verboten und wird mit dem Tod bestraft. Das schließt den Verkehr mit Prostituierten ein. Dieses Gebot wird von Juden und Christen oftmals vergessen. Mohammedaner umgehen es, indem sie die Frau für eine Stunde heiraten. Die Radikalität dieses Gesetzes weist auf die Bedeutung

der Ehe für die Struktur der Gesellschaft hin, so wie sie damals und bis zur Mitte des 20. Jahrhunderts bestand.

8. »Du sollst nicht stehlen.« (2. Mose 20,15)
9. »Du sollst kein falsch Zeugnis reden wider deinen Nächsten.« (2. Mose 20,16)
   Dies ist die Grundlage für ein geordnetes und gerechtes Rechtssystem. Würden es alle beachten, man bräuchte keine endlosen und oft recht ungerechten Prozesse.
10. »Du sollst nicht begehren deines Nächsten Weib. Lass dich nicht gelüsten deines Nächsten Hauses, Knechtes, seiner Magd, Ochsen und Esels.« (2. Mose 20,17)

Ein jüdischer Witz weiß Folgendes zu berichten: Moses bringt zwei beschriftete Tafeln. Auf der einen steht zehn Mal »Du sollst nicht«. Diese ist bestimmt für die Armen. Auf der anderen Tafel steht »Morden, stehlen, falsches Zeugnis ablegen, begehren nach des Nächsten Weib, Unkeuschheit treiben, begehren nach des Nächsten Haus und Esel«. Diese Tafel ist für die Reichen. Tatsächlich heißt es in sieben von zehn Geboten »Du sollst nicht«. Das deutet darauf hin, dass es hauptsächlich um die Bändigung unseres Egoismus geht, denn im Grunde genommen würden wir ja gerne morden, stehlen, Unkeuschheit treiben usw.

Im Anschluss an die Zehn Gebote gibt es zahlreiche Regeln, wie die Verehrung Gottes stattzufinden hat, aber auch eine Fülle von sehr konkreten Gesetzen zur Förderung eines sozialen und gerechten Zusammenlebens. Manche davon sind für die Lebensbedingungen unserer Zeit nicht mehr relevant, aber viele sind grandiose Dokumente von menschlicher Weisheit und der Suche nach Gerechtigkeit:

»Auge um Auge, Zahn um Zahn, Hand um Hand, Fuß um Fuß, Brand um Brand, Wunde um Wunde, Beule um Beule« (2. Mose 21,24). Dies klingt grausam, war aber vor 3000 Jahren ein gewaltiger Fortschritt und wäre es in manchen Teilen der Welt heute noch. Es bedeutet, wenn dir jemand ein Auge ausschlägt, dann tust du ihm das Gleiche an, aber du kannst nicht aus Rachegelüsten seine ganze Familie massakrieren und, wenn dir dies nicht gelingt, dein Rachestreben weitervererben. Es beinhaltet die Erkenntnis, dass nicht bestraft werden darf, wer selbst nichts Unrechtes getan hat.

Ein Sklave soll sechs Jahre dienen, dann muss er mit Frau und Kindern frei sein. Sklaverei wird als bestehendes Phänomen akzeptiert, aber als ungerechter Ausnahmezustand und prinzipiell nicht als gottgewollt verstanden.

»Für Arbeiten am Sabbat gilt die Steinigung« (4. Mose 15, 35). Für das Vortäuschen der Jungfernschaft einer Braut gilt die Steinigung.

»Ihr sollt euer Haar am Haupt nicht rundumher abschneiden (…)« (3. Mose 19,27). »Noch euren Bart stutzen.« Bis heute tragen fromme Juden die sogenannten *Peot* (hebräisch *peot*, jiddisch *pejes*, wienerisch *Beikeles*) und einen Bart. So etwas nennt man eine Langzeitmode.

»Wenn ein Sohn den Eltern nicht folgt, soll er gesteinigt werden.« (5. Mose 21,18–21)

»Die Zauberinnen sollst du nicht leben lassen« (2. Mose 22,17). Im Original »die Hexen sollst du nicht leben lassen«. Warum die Hexen und nicht die Hexer? Soll dies die Gefährlichkeit der Frauen an sich ausdrücken?

Homosexuelle, die wir heute als eine natürliche Minderheit mit überdurchschnittlichen künstlerischen Begabungen begreifen, werden mit dem Tode bedroht. Desgleichen der traurige, aber harmlose Geschlechtsverkehr mit Tieren. Die sogenannten sexuellen Sünden werden vor allem den Kanaanitern zugeordnet und als einer der Gründe für die Notwendigkeit ihrer Vernichtung angeführt.

Die physischen und sozialen Folgen von Inzucht und Verkehr mit Kindern wurden klar erkannt und mit dem Tode bedroht. Ein wanderndes Volk hat natürlich keine Gefängnisse und für viele Verfehlungen ist die Steinigung als Strafe vorgesehen. Wir haben heutzutage Gefängnisse und erkennen die Todesstrafe als Mord.

Wer einem Sklaven ein Auge oder einen Zahn ausschlägt, muss ihm die Freiheit für sein Auge oder seinen Zahn geben. Wer Sklaven oder Sklavinnen mit einem Stock totschlägt, muss bestraft werden.

»Du sollst nicht Geschenke nehmen; denn Geschenke machen die Sehenden blind (…)« (2. Mose 23,8) – nichts Neues unter der Sonne.

»Den Fremden darfst du nicht unterdrücken. Waisen und Witwen darfst du nicht ausnützen. Du sollst der Menge auf dem Weg zum Bösen nicht folgen« (2. Mose 22,20) – lauter Probleme, die bis heute aktuell sind.

»Du sollst deinen Nächsten lieben wie dich selbst« (3. Mose 19,18) steht in der Bibel.

Dieses Gebot ist wohl der absolute moralische Höhepunkt des Alten Testaments. Die Frage, ob unter dem Nächsten ausschließlich der nächste Hebräer gemeint ist oder jeder Mensch, wird beantwortet: »Wenn ein Fremdling bei dir in eurem Land wohnen wird, den sollt ihr nicht schinden. Er soll bei euch wohnen wie ein Einheimischer unter euch, und sollst ihn lieben wie dich selbst« (3. Mose 19,33–34).

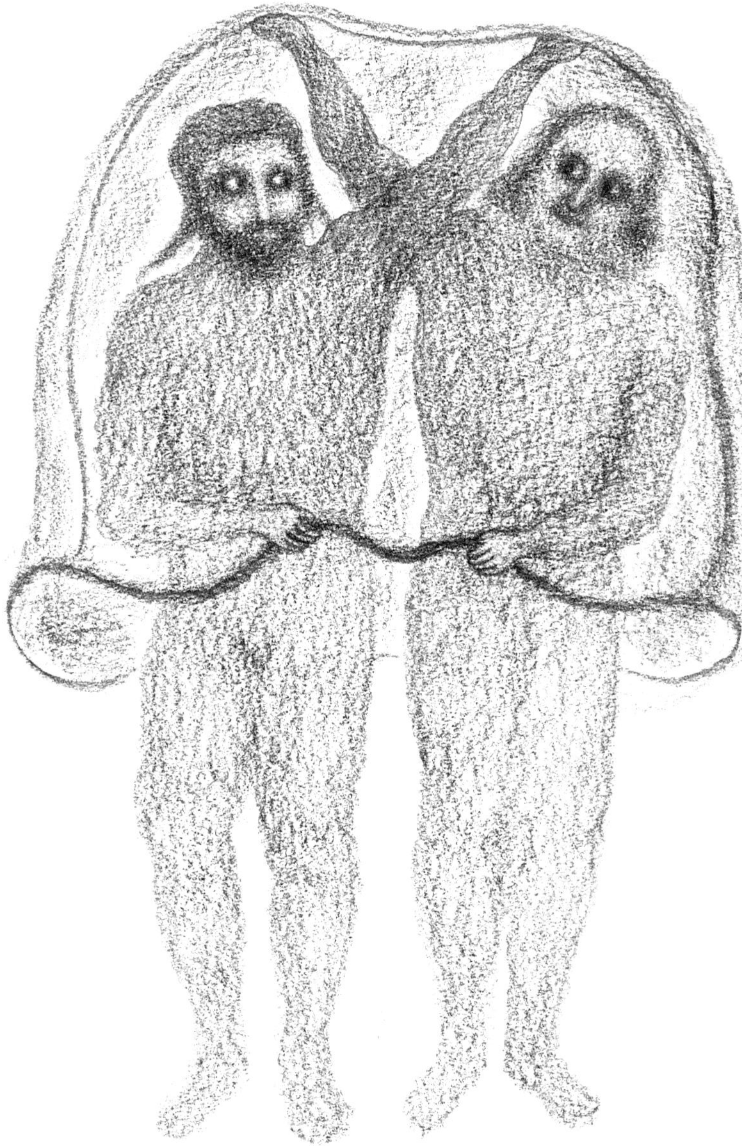

Liebe deinen Nächsten.

Wer Geld verleiht an einen Armen, darf keine Zinsen nehmen. Wer als Pfand einen Mantel nimmt, muss diesen am Abend zurückgeben.

»Alles, was die Klauen spaltet und wiederkäut unter den Tieren, das sollt ihr essen« (3. Mose 11,3). Das Kamel, das Pferd, der Esel dürfen auf keinen Fall gegessen werden, denn sie dienen als Transportmittel und ohne sie kann das Volk das Heilige Land nicht erreichen und ist verloren.

Das Schwein zu essen ist verboten, weil es nicht mit der Herde wandern kann. Auch ist das Schwein sehr intelligent und weiß um den Tod. Fische ohne Schuppen und Insekten zu essen ist verboten. Wenn ein Volk in jener Zeit durch Naturkatastrophen oder verlorene Kriege in Not gerät, besteht die Gefahr, dass die Menschen sich von Insekten und leicht zu jagenden Kleintieren ernähren, was eine Rückentwicklung von Technik und Kultur zur Folge haben kann. Ausschließlich Heuschrecken darf man essen, weil sie die gesamte Ernte in ihrem Leib tragen. Viele von diesen ursprünglich sinnvollen Gesetzen wurden im Laufe der Zeit aufgeblasen und bis zur Karikatur verzerrt. Eine ganze Wissenschaft, um am Sabbat alles, was Arbeit sein könnte, zu vermeiden. Kein Geld und keine Werkzeuge in die Hand nehmen, etwa einen Schlüssel oder den Lichtschalter oder den Wasserhahn.

»Und (du) sollst das Böcklein nicht kochen in seiner Mutter Milch« (2. Mose 23,19). Ein wunderbarer Gedanke von hoher Ästhetik, der die Ehrfurcht vor dem lebenden Tier und der Mutterschaft beinhaltet. Was ist daraus geworden? Milch und Fleisch müssen in getrennten Gefäßen oder noch besser in verschiedenen Küchen bearbeitet werden, um zu verhindern, dass zum Beispiel ein Huhn zufällig die Mutter des zu kochenden Zickleins ist. Diese Art von Auslegungen der Gesetze ist natürlich eine Quelle von Macht und Einkommen für die Verwalter der Religion.

Tatsächlich ist uns heute bekannt, dass Milch und Fleisch gemischt dem Körper nicht zuträglich sind, weil der im Fleisch vorhandene wichtige Eisengehalt von der Milch neutralisiert wird. In diesem Sinn steht es zwar nicht in der Bibel, kann aber so verstanden werden.

»Wenn der Esel deines Feindes in Not ist, musst du ihm hilfreich sein« (2. Mose 23,4). Das heißt, deine Liebe zum unschuldigen Tier muss stärker sein als der Hass gegen deinen Widersacher. Diese Gesetze sind für ein Nomadenvolk von Viehzüchtern geschaffen und wurden in vielen Belangen für Jahrtausende zum Modell für große Teile der Menschheit.

Alle diese Regeln werden nach mosaischem Verständnis ungültig, wenn es um die Rettung von Leben geht. Gemeint ist »jüdische Leben«, denn tote Juden können Gott nicht loben. Um den Gesetzen Macht und Durchsetzungsvermögen zu sichern, wurde von Anfang an ihr göttlicher Charakter und daher ihr absoluter und ewiger Wahrheitsgehalt betont. Genau das ist die gefährliche Kehrseite all dieser Gesetzestafeln. Denn es fanden und finden sich immer Menschen, die imstande sind, glaubhaft zu behaupten, sie wissen, was Gott will, und das ist sehr oft das Gegenteil seiner eigenen Gesetze. Der Egoismus in uns jubelt. Endlich kann man wieder ohne die lästige Kontrolle durch Gewissensbisse und humane Regeln nach Belieben rauben, morden, vergewaltigen und zerstören.

In der Wüste

Die Kinder Israels wandern also durch die Wüste, hungern, dürsten, gewinnen Kriege und erleben Wunder. Es ist ein wilder Haufen von circa 600 000 Nomaden mit großen Tierherden und die Völker zwi-

Bileam

schen Ägypten und dem Libanon zittern vor ihnen. Edom, das sind die Nachkommen von Jakobs Bruder Esau, bieten ihnen die Stirn. Moses macht einen Umweg und verschont diesen Stamm und diese Gegend.

Balak, der König der Moabiter, engagiert einen berühmten Wahrsager namens Bileam, um die Hebräer zu verfluchen. Bileam macht sich auf den Weg, aber sein Esel sieht einen Engel, der den Weg versperrt, und weigert sich trotz gewaltiger Prügel weiterzugehen, wie halt Esel oft so sind. Außergewöhnlich allerdings ist, dass der Esel plötzlich zu sprechen beginnt, was Bileam veranlasst, Israel nicht zu verfluchen, sondern zu segnen. Der Segen besteht darin, dass den Hebräern die Vernichtung sämtlicher Völker der Umgebung gelingen wird (4. Mose 24,18). Wenn Esel den Mund aufmachen, hat das oft weitreichende negative Folgen.

Eine gefährliche Falle sind die attraktiven Mädchen der Moabiter. Die Söhne Jakobs beginnen mit ihnen herumzuhuren, aber ein Held namens Pinhas erledigt dieses Problem, indem er ein »Rassenschande« betreibendes Paar aufspießt.

Moses sieht das gelobte Land Kanaan von Ferne, aber er darf nicht hinein. Als Grund wird in der Bibel eine eher konstruiert wirkende Verfehlung angegeben. Die Lehre daraus aber ist offensichtlich diese: »Moses, du bist kein unfehlbarer, gottartiger Erlöser. Du bist ein Mensch mit Fehlern und Schwächen, hast deine Schuldigkeit getan. Übergebe das Amt und leg dich schlafen.« Sollte sich so mancher Politiker hinter seine Ohren schreiben.

Kundschafter werden über den Jordan geschickt, von jedem Stamm ein Mann. Das Land Kanaan, obwohl es nicht viel größer ist als Niederösterreich, hat eine sehr interessante Geografie. Die Berge von Judea sind auf den östlich gelegenen Hängen hin zum Jordan-Tal und zum Toten Meer trockene Wüste. Nach Westen hin zum Mittelmeer ist das Klima feucht, und man kann im Sommer morgens sein Auto mit dem gefallenen Tau ohneweiters waschen. Dieses ist die Gegend, in der »Milch und Honig fließen«. Heute ist das Jordan-Tal ein Dattelpalmenhain von mehreren hundert Kilometern Länge, und in der Wüste wachsen Oliven und Weintrauben. Die Kundschafter kommen mit Früchten zurück, die zwei von ihnen an eine Stange gebunden über ihren Schultern tragen. Ich persönlich vermute, sie taten das, um ein gutes Motiv für die Maler der kommenden Jahrtausende abzugeben.

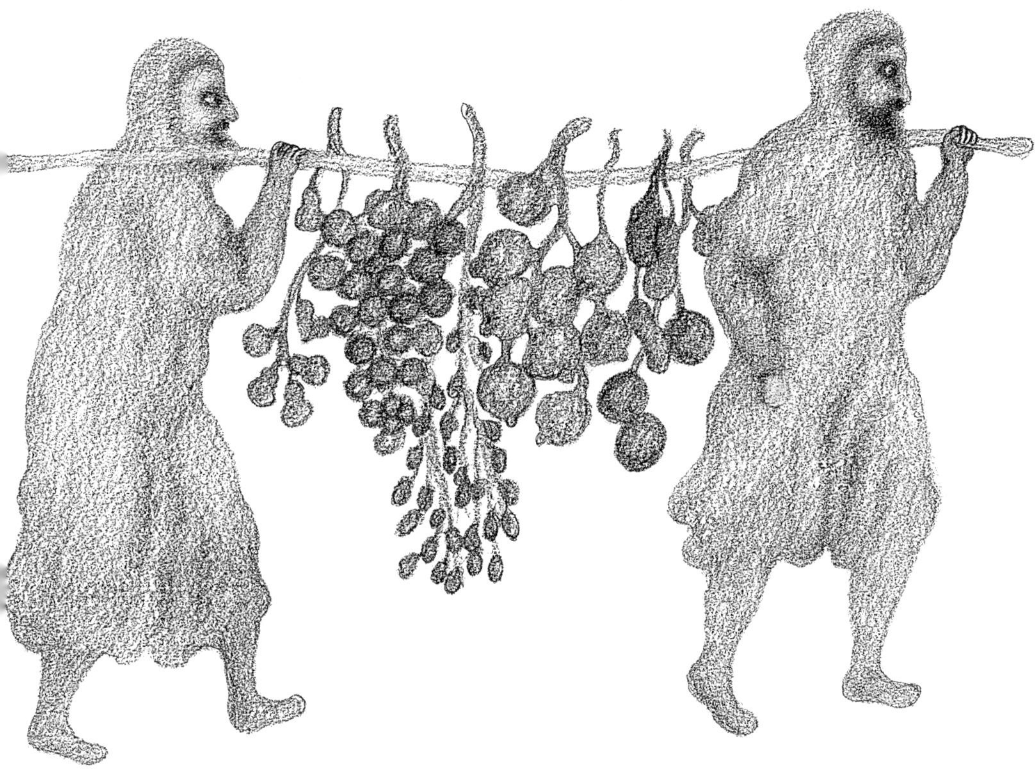

Die Kundschafter

Die Kundschafter berichten von uneinnehmbaren Städten, schwer bewaffneten Kriegern, viele davon Riesen. Nur Josua und Kaleb glauben fest an einen möglichen Sieg im Kampf um das Heilige Land. Das Volk wurde von Gott für 40 Jahre in die Wüste geschickt, wo alle, die über 20 Jahre alt sind, sterben müssen. Nur die Kinder der Wüstengeneration und Josua und Kaleb werden das Heilige Land betreten.

Moses führt die Kinder Israels weiter durch die Wüste, von Wunder zu Wunder. Wenn ich mit eigenen Augen sehe, wie ein Mensch mit einem Stab das Meer teilt, was tue ich dann? Ich zwicke mich, um sicher zu sein, dass ich nicht träume, gehe durch das Meer und glaube diesem Mann alles, was er mir sagt, so lange ich lebe. Die 40 Jahre der Wanderung Israels sind aber ein dauerndes Ringen zwischen glauben und nicht glauben. Der Gedanke ist naheliegend, dass diese Wunder vielleicht doch nicht so eindeutig waren, und erst die nächste Generation, die das alles nur aus Erzählungen erfahren hat, ist imstande, fester zu glauben. Sie ist es, die das Land, wo Milch und Honig fließen, erobern wird.

Die Hebräer wandern und verbreiten Furcht und Entsetzen. Die bloße Anwesenheit von 601 730 Menschen mit großen Viehherden ist natürlich eine Katastrophe für die Landwirtschaft. Obwohl die Hebräer versprechen, die Karawanenwege nicht zu verlassen und auch kein Wasser zu beanspruchen, treten ihnen die Bewohner vieler Gebiete bewaffnet entgegen.

Die Amalekiter und Amoriter und viele andere werden besiegt, und die Hebräer fallen über ihre Länder her wie ein Heuschreckenschwarm. Das Volk Israel ist in der Wüste immer wieder durch Mangel an Wasser und Nahrung für Mensch und Tier vom Untergang bedroht. Es kommt zu einer Revolte gegen Moses, der nur noch mit einem Wunder gerettet werden kann.

Moses versammelt das Volk vor einem Felsen und spricht mit gewaltiger Stimme: »Ihr unfolgsamen, ungläubigen, primitiven Kameltreiber. Seht ihr diesen Felsen? Glaubt ihr, dass ich hier Wasser trinken werde?« Daraufhin schlägt Moses mit seinem Stab auf den Felsen und Wasser springt in großer Menge heraus. Es entsteht ein Teich, Mensch und Vieh trinken und Moses nimmt ein erfrischendes Bad.

In Israel erzählt man sich folgende Story: Friedensverhandlungen zwischen Israel und Palästina. Der jüdische Verhandler zitiert aus der Bibel: »Moses nimmt ein Bad, da schreien die Hebräer ›Mosche, Mosche, die Palästinenser haben deine Kleider gestohlen‹.« Unterbricht der arabische Verhandler: »So ein Unsinn, damals gab es doch gar keine Palästinenser.« Daraufhin der Jude: »Also jetzt können die Verhandlungen beginnen.«

Josua

Moses stirbt. Aaron stirbt. Sie werden beweint. Um zu verhindern, dass Moses' Grab zu einer Pilgerstätte wird, ist der Platz seines Grabes bis heute unbekannt. Josua (hebräisch Jehoschua) übernimmt die Führung. Als Erstes »hatte er zwei Kundschafter heimlich ausgesandt« über den Jordan (Josua 2,1). Im hebräischen Original: »Spione ausgesandt«. Wie Spione üblicherweise agieren, begeben sich die beiden unauffällig gekleidet in die Palmenstadt Jericho. Am Tor sprechen sie eine Prostituierte an, mit allgemeinem Geplauder, wie es denn so geht in der Stadt und was es Neues gibt. Die Antwort der Hure, ihr Name ist Rahab, ist bemerkenswert: »Man erzählt sich, dass hebräische Spione in die Stadt gekommen sind, die von unseren

Soldaten gesucht werden. Solltet ihr zufällig diese Spione sein, so kann ich euch bei mir verstecken. Ich weiß, dass ihr das Land erobern werdet, es ist bekannt, welches Massaker ihr an den Amoritern angerichtet habt. Alle Völker zittern vor euch und ich bin immer gern auf der Siegerseite. Also wenn ihr mir schwört, mich und mein Haus zu verschonen, will ich euch auf meinem Dach unter Flachsstängeln verstecken.« Gesagt, getan. Rahabs Haus ist Teil der Stadtmauer. Die Soldaten kommen, suchen und werden von Rahab an der Nase herumgeführt. »Ja, es waren zwei an sich harmlos aussehende Männer bei mir. Nach circa einer Stunde, wie es in meiner Profession so üblich ist, gingen sie, ehe man das Stadttor schließt, in Richtung Jordan davon. Wenn ihr euch eilt, könnt ihr sie sicher noch erwischen.« Die Soldaten hetzen davon, das Stadttor wird geschlossen und Rahab lässt die Spione außerhalb der Stadtmauer an einem roten Seil von ihrem Fenster hinunter. Das rote Seil gilt auch als Zeichen für das zu verschonende Haus von Rahab.

Den Spionen gelingt es, zu entkommen, und jenseits des Jordan kann man in einer gewaltigen Staubwolke das emsige Sich-Bewegen einer unübersehbaren Masse von Menschen und Tieren beobachten. Die Menschen in Jericho sind vor Angst wie gelähmt. Diese wilde Nomadenhorde scheint unbesiegbar zu sein, und es ist kein Erbarmen von ihnen zu erwarten. Die grauenvollen Nachrichten über die Massaker an der Bevölkerung von Basan (5. Mose 3,6) lassen den Menschen das Blut in den Adern gefrieren. Sechs Tage nach der Flucht der Spione sieht Rahab durch ihr Fenster, wie sich das Volk der Hebräer durch den Jordan wälzt, dessen Wasser durch die Masse von Füßen und Beinen offensichtlich am Rinnen gehindert ist. »Da stand das Wasser, das von oben herniederkam, aufgerichtet auf einem Haufen« (Josua 3,16), steht in der Bibel. Gemeint ist in der

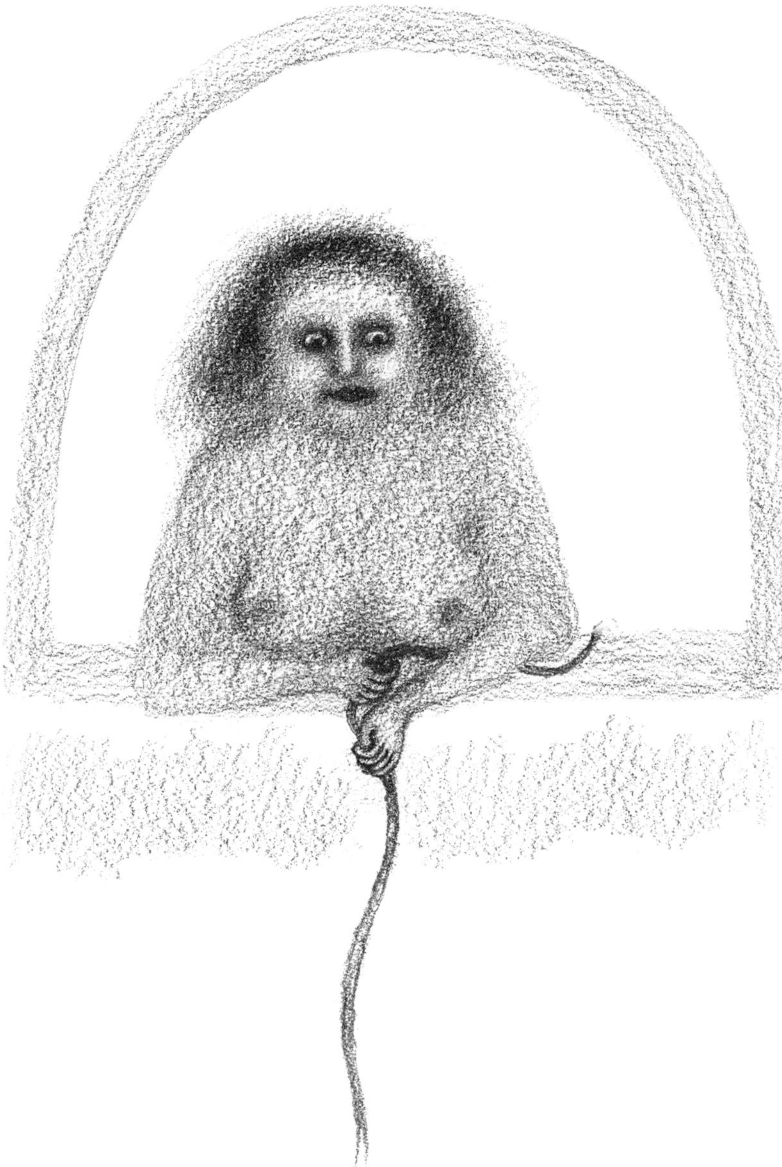

Rahab

Jericho

Bibel natürlich, dass es sich um ein Wunder handelt, um Josua als würdigen Nachfolger von Moses zu bestätigen. Der Jordan ist zwar wesentlich kleiner als das Rote Meer, aber immerhin.

Die Hebräer sind über den Fluss und dann beginnt ein geniales Beispiel psychologischer Kriegsführung abzulaufen. Fünf Tage lang zieht ein ganzes Volk jeden Tag schweigend, aber auf Hörnern blasend um die Stadt. Die Hebräer sehen aus, wie man halt so aussieht, wenn man 40 Jahre in der Wüste herumgeirrt ist. In Fetzen gekleidet, verschmutzt, verletzt, mit verfaulten Zähnen im Mund und viel Hass im Herzen. In Jericho hat man mit Belagerung und Kriegsgeheul gerechnet, aber dieses leise Rauschen der Schritte hunderttausender furchterregender Gestalten, die dissonanten, dumpfen Töne der von Priestern geblasenen Hörner versetzen die schweren Tore der Stadt in knarrende Schwingungen und die Verteidiger in tatenlose Panik.

In unseren Tagen werden zum Beispiel in der Arktis Eisberge mit von U-Booten ausgestrahlten Schallwellen zerschmettert. Am sechsten Tag steigert sich vor Jericho der Klang der Hörner zu einem Orkan. Die Tore der Stadt vibrieren wild und zerbersten mit einem ohrenbetäubenden Knall. Mauerbrocken brechen und Balken donnern in die Tiefe. Die Hebräer brüllen auf und stürmen die Stadt. Wären Schallwellen tatsächlich imstande, Mauern zu erschüttern, dann wäre die Einnahme Jerichos kein Wunder und Thema für ein wissenschaftliches, trockenes Buch anstatt eines wunderbaren Phantasiegebildes in der Bibel.

Rahab kniet zitternd am Fenster und sieht, was sie in ihren schlimmsten Albträumen noch nicht gesehen hat. Es wird nicht gekämpft, sondern abgeschlachtet: »Mann und Weib, jung und alt, Ochsen, Schafe und Esel« (Josua 6,21), steht in der Bibel. Die Stadt ist voll mit im Blut schwimmenden Köpfen und Gliedmaßen von Menschen und Tieren, brennende Kinder taumeln aus den Häusern. Rahab wünscht sich den Tod. Sie und ihre Familie werden gerettet und in die Gemeinschaft der Sieger aufgenommen. Verrat, so scheint es, zahlt sich aus, wenn man auf der richtigen Seite steht.

Schreckliche Szenarien wie dieses spielten sich unter der Führung von Moses in den Ländern östlich des Jordan in sechs Königreichen ab, unter Josua in den Ländern westlich des Jordan in 25 Königreichen von Jerusalem bis Jokneam am Karmel (Josua 12,1–24), steht in der Bibel. Derselbe Moses, der uns lehrt »liebe deinen Nächsten wie dich selbst«, sagte nach der Eroberung der Stadt Midian voll Zorn zu den Heerführern: »Warum habt ihr die Frauen leben lassen? Tötet nun alles, was männlich ist unter den Kindern, und alle Frauen, die nicht mehr Jungfern sind« (4. Mose 31,17).

Die Einwohner der Stadt Gibeon bieten sich als Sklaven an, machen einen Vertrag mit Israel und werden verschont. Daraufhin vereinigen sich die Könige von Jerusalem, Hebron, Piream, Jarmuth, Lachis und Eglon und trommeln eine gewaltige Armee zusammen und ziehen gegen die mit Israel verbündete Stadt Gibeon. Josua kommt zu Hilfe, schlägt diese Armee, wird König der Könige und richtet ein Blutbad an. Es wird Abend, und um länger Tageslicht für das Massaker zu haben, befiehlt er der Sonne: »Steh still!«, was auch geschieht (Josua 10,12). Steht in der Bibel.

Ein Wunder, mit dem so mancher fromme Rabbi wohl seine Probleme hat. Die Vorstellung, wir stehen als Krone der Schöpfung auf einem Fixstern, der vom gesamten Universum bewundernd umkreist wird, hat etwas Wohltuendes, und es ist uns sehr schwergefallen, uns von dieser Vorstellung zu verabschieden. Die fünf Könige verkriechen sich in eine Höhle, werden herausgezerrt, geschlachtet und

Josua und die Sonne

aufgehängt. All ihre Städte werden erobert und die Bevölkerung ausgerottet.

All diese Ereignisse sind nicht historisch nachgewiesen, sondern mündlich und später schriftlich überliefert. Es ist aber anzunehmen, dass sich Völkerwanderungen und kriegerische Landnahme immer in etwa so abgespielt haben. Die Motivation ist, von einer lebensfeindlichen, ressourcenarmen Gegend, in der man lebt, in ein besseres, ein reicheres Land zu kommen. Ist das Unternehmen erfolgreich, stellt sich bei den Siegern mitunter ein ekstatischer Zustand ein, der in einen Blutrausch mündet.

Wenn die Menschen der Steinzeit im Streit um eine Quelle oder futterreiche Gegend gegen einen Nachbarstamm den Sieg davontrugen, hätten sie eigentlich Folgendes sagen können: »Jetzt haben wir es gut. Die Quelle ist unser, die Feinde können wir foltern, das macht Spaß, und dann auffressen, das macht satt.« Aber diese einleuchtende Logik genügt uns nicht und auch nicht den Steinzeitmenschen. Wir müssen irgendein Gespenst oder eine Ideologie erfinden, die für unsere Taten die Verantwortung übernimmt. Wir werden offensichtlich mit dem Wissen geboren, dass alles, was uns schmerzt, andere Menschen auch schmerzt, und dieses Wissen ist uns unangenehm. Es bedrückt uns. Um eigene Interessen gewaltsam durchzusetzen, muss dieses angeborene Mitleid zum Schweigen gebracht werden, und unsere Fantasie kennt keine Grenzen im Erfinden von Religionen und Ideologien, die uns die Erlaubnis erteilen, Gewalt, unseren Egoismus und wo vorhanden auch unseren Sadismus auszuleben. Die Bibel ist für diese Problematik ein einmaliges Beispiel.

Wenn jemand versucht, die Landnahme von Kanaan durch die Hebräer mit der Gründung des Staates Israels 1948 zu vergleichen, kann man ihm nur raten: Lernen Sie Geschichte und auch Geografie.

Die gewaltsame Eroberung Kanaans durch die Hebräer hat im Sinne der Bibel eine einfache und unumstößliche moralische Grundlage. Gott hat dem Volk Israel ein winziges Stück von der von ihm erschaffenen Erde geschenkt. Daraus ergibt sich für den gläubigen Leser, dass sich alle anderen Völker dort nur als Gäste und mit Einwilligung der Hebräer befinden können. Die mosaischen Gesetze betonen ausdrücklich, dass der Gast mit Achtung und Liebe zu behandeln ist (3. Mose 19,33). Steht in der Bibel. Eine Ablaufzeit für diesen göttlichen Vertrag mit Israel ist nicht genannt und alle göttlichen Vertreibungen und teilweisen Vernichtungen der Juden sind immer von dem Versprechen der Verzeihung und Rückkehr nach Kanaan begleitet. Für den nicht religiösen Leser stellt sich natürlich die unbeantwortbare Frage, ob ein Mensch Land besitzen kann und wenn ja, wie lange, wenn man davon ausgeht, dass Land jenen gehört, die es bewohnen und bearbeiten und davon leben. Aber wie lange dauert dieses Recht? Kann ein Volk in einem Gebiet mit günstigem Klima, Wasser, Ressourcen und reichen Bodenschätzen ein ewig gültiges Wohnrecht beanspruchen? Muss ein Volk, das in einer Wüste oder einer gefrorenen Tundra dahinvegetiert, sich mit diesem harten Schicksal auf ewig abfinden?

Seit es die Geschichte gibt, werden diese Fragen mit Gewalt beantwortet, genauso wie bei allen Tieren, die ihr Revier verteidigen und mit Gewalt in bessere Gegenden eindringen. Für die menschliche Gesellschaft haben die geografischen und klimatischen Bedingungen durch die grandiose Entwicklung der Technik tatsächlich an Bedeutung verloren. Wenn es der Wissenschaft tatsächlich gelingt, die Menschheit von begrenzten Ressourcen unabhängig zu machen, könnte das vielleicht ein Schritt in Richtung der Prophezeiung »der Wolf ruht neben dem Lamm und der Leopard spaziert mit der Ziege« sein.

Einer der zahlreichen jüdischen Witze, die sich auf die Bibel beziehen, geht folgendermaßen: Gott überlegt, welches Land er Israel gibt. Moses, der ja bekanntlich ein Stotterer war, beginnt »Ka, ka, ka, ka«. Gott, gütig wie er ist, sagt: »Ich verstehe: Kanaan.« Als Moses endlich »Kanada« herausquetscht, ist es schon zu spät. In Wirklichkeit wird das Land heiliggesprochen, weil es ein fruchtbarer Streifen zwischen Wüste und Meer ist.

Kanaan wird von Josua an die Stämme verteilt. Das Land ist aber noch lange nicht ganz erobert. Nachdem Josua im Alter von 110 Jahren stirbt, wird Israel von sogenannten Richtern geführt. Endlose Kriege mit den Kanaanitern, Amoritern, Moabitern und Amalekitern werden von den Hebräern meist gewonnen, aber trotz Vernichtungskriegen tauchen diese Völker in der Bibel immer wieder auf. Es ist offenbar gar nicht so leicht, ein Volk völlig auszulöschen. Einige Male verliert auch Israel die Schlacht.

Die Richter

Als die Moabiter Israel 18 Jahre lang versklaven, kauft sich ein junger Mann namens Ehud einen zweischneidigen Dolch und versteckt diesen unter seinem Kleid an seiner rechten Hüfte. Er ist nämlich Linkshänder, wie alle Benjaminiter. Eine Tatsache, über die es noch einiges zu berichten geben wird. Ehud bringt als Tribut einen Haufen Geld zu Eglon, dem König der Moabiter, der ein Fettwanst ohnegleichen ist. Während Eglon zufrieden sein Geld zählt, flüstert ihm Ehud ins Ohr: »Ich habe ein wichtiges Geheimnis zu berichten.« Der König schickt alle Anwesenden hinaus. Ehud hebt segnend seine rechte Hand, langt mit seiner linken nach dem Dolch und stößt dem

Ehud, der Linkshänder

König das Messer so tief in den Bauch, dass auch noch die Scheide im Fett verschwindet.

Er lässt den Dolch stecken und geht nach Hause. Der König bleibt auf seinem Thron sitzen, und es dauert ziemlich lange, bis man bemerkt, dass er tot ist.

Ist Ehud ein Terrorist? Terroristen töten, um Aufmerksamkeit zu erregen für ein aus ihrer Sicht wichtiges Problem und oft auch für die eigene Person. Dafür morden sie, wer gerade leicht zu erwischen ist, und sind bereit, für diese Tat auch selbst zu sterben. Um so etwas zu tun, muss man entweder mit einem seelischen Defekt geboren oder durch sukzessive Gehirnwäsche zu einem total verzerrten Weltbild gekommen sein. Ehud tötet hingegen gezielt, und seine Tat bringt den beabsichtigten Erfolg, ähnlich wie in Schillers Geschichte von Wilhelm Tell. Der Fall von Ehud setzt allerdings voraus, seine Handlung als moralisch zu verstehen, dass man es gerecht findet, wenn die Hebräer die Moabiter versklaven, nicht aber die Moabiter die Hebräer. Der kühne Tyrannenmord von Ehud gibt Israel neue Hoffnung. Es kommt zu einem erfolgreichen Aufstand unter der Führung Ehuds und das Land hat 80 Jahre Frieden.

Die Hebräer beginnen mit den Kanaanitern zusammenzuleben. Man macht Geschäfte, heiratet und liebäugelt mit den fremden Göttern. Der Friede hat eben seine eigene Dynamik und die Kanaaniter verstehen es, ihre Zeit zu nützen.

Ihr König Jabin und sein Feldhauptmann Sisera stellen eine gewaltige Streitmacht mit 900 eisernen Wagen auf und unterjochen Israel 20 Jahre lang. Richterin in dieser Zeit ist Debora. Ihr gelingt es, 10 000 hebräische Krieger am Berg Tabor zu versammeln. Im Tal am Bach Kishon lagert Sisera mit seinen 900 eisernen Wagen. Die Hebräer kommen vom Berg heruntergerast. Sie kommen plötzlich, sie kommen schrecklich. Sisera springt von seinem Wagen und läuft davon, so schnell ihn seine Beine tragen. Seine Armee flüchtet und wird niedergemacht, »daß nicht einer übrigblieb« (Richter 4,16).

Sisera kommt außer Atem und zu Tode erschöpft zum Zelt einer Frau namens Jael, mit deren Familie er gute Beziehungen pflegt. Sie empfängt ihn wie einen lieben Gast, bereitet ihm ein Lager, und als er um etwas Wasser bittet, bringt sie ihm Milch und Sahne. Sie deckt ihn sorgsam zu, wünscht ihm eine gute, sorglose Ruhe und wartet geduldig, bis er friedlich eingeschlafen ist. Dann holt sie einen der Metallpflöcke, die das Zelt am Boden verankern, und einen Hammer. Leise schleicht sie zum schlafenden Sisera und klopft ihm den Metallpflock mit dem Hammer durch den Kopf in die Erde (Richter 4,21).

Es ist kein schöner Anblick, aber Israel ist befreit und das Land hat 40 Jahre lang Ruhe. Debora singt in ihrem Siegeslied »gepriesen sei unter den Frauen Jael«. Alles Volk singt begeistert mit, aber verheiratet sein mit Jael will eigentlich keiner.

Später wird Israel sieben Jahre lang von den Midianitern geknechtet und ausgehungert. Gideon aus dem Stamme Menasse ruft zum Widerstand auf. Er zerstört den Altar Baals und wird von seinem Volk mit dem Tode bedroht. Es ist die alte Sklavenangst, Widerstand könnte erfolglos sein und zur Folge haben, dass die Unterdrückung noch härter wird. Der Gott Israels ist zwar mit Wundern sparsam, aber der Altar Baals, der sicher ein großartiges Kunstwerk war, hat sich gegen Gideons Spitzhacke als hilflos erwiesen. Gideon und die Stämme Manasse, Asser, Sebulon und Naphtali rüsten sich zum Freiheitskampf. Gideon gibt ein faszinierendes Beispiel für eine psychologische Tauglichkeitsprüfung seiner Soldaten. Wer am Bach wie ein Wolf das Wasser leckt, zieht mit mir in den Kampf. Wer mit seiner Hand schöpft, geht nach Hause (Richter 7,5).

Jael mit Sisera

Wer wie ein Wolf trinkt

Es bleiben 300 Krieger, die mit Hörnern, Fackeln und Tonkrügen ausgerüstet werden. Sie umstellen das Lager der Midianiter bei Nacht. Auf ein Zeichen blasen alle die Hörner und schwenken die Fackeln und zerschlagen mit Getöse die Tonkrüge. Die Midianiter schrecken auf. In Panik beginnen sie sich gegenseitig zu bekämpfen und wer kann, flüchtet. Wären auch heute die Armeen nur mit Fackeln und Tonkrügen ausgerüstet, würden wir alle ruhiger schlafen.

Einzelne Helden oder kleine Eliteverbände, die sich erfolgreich gegen große Armeen durchsetzen, sind in der Bibel oft geschildert. Diese Hoffnung, dass »klein« nicht unbedingt »schwach« bedeuten muss, ist im jüdischen Denken fest verankert, und auch das moderne Israel versteht sich als harter Floh zwischen weichen Elefanten.

Gideon hat 70 Söhne mit vielen Frauen, eine davon war eine Nebenfrau und ihr Sohn hieß Abimelech. Dieser versteht es, geschickt die permanente Sehnsucht vieler Menschen nach einem »starken Führer« auszunützen. Er engagiert eine Bande von Totschlägern, bringt alle seine Brüder um und wird als Herrscher gefeiert. Einer seiner Brüder, Jotham, hat aber das Massaker überlebt und es gelingt ihm, mit der Macht der Worte das Volk gegen Abimelech aufzuhetzen.

Jothams Erzählung

Die Bäume fragten, wer will unser König sein. Der Olivenbaum sagte: Ich nicht, ich will doch Öl für die Menschen machen. Der Feigenbaum sagte: Ich nicht, will ich doch süße Früchte für die Menschen machen. Der Weinstock sagte: Ich nicht, will ich mit meinem Saft doch die Menschen erfreuen. Da schrie der Dornbusch: Ich, ich, ich! Es ist ein Jammer, dass dieses Lied nicht von Haydn vertont wurde. Man könnte es heute vor und nach Wahlen singen.

Abimelech ist wie der Dornbusch. Es geht ihm nur um seinen eigenen Machtanspruch, nicht darum, im Interesse seiner Untertanen zu handeln. Das haben anhand Jothams Erzählung auch die Hebräer begriffen. Unter Abimelech kommt es bald zu Kämpfen und Blutvergießen zwischen und innerhalb der Stämme Israels. Abimelechs Ende hätte einen guten Text für eine Oper von Richard Wagner hergegeben. Abimelech belagert die Stadt Qebet. Stürmt, brennt und haut alles nieder. Die Verteidiger fliehen. Nur einige

Frauen kämpfen noch am Dach der Burg um einen raschen, ehrenvollen Tod. Obwohl es nicht so in der Bibel steht, nehme ich an, dass Abimelech bereits sein Hosentürl aufknöpft, als ihm eine der Frauen einen Mühlstein auf den Kopf wirft. Abimelech sinkt zu Boden und ersucht seinen Diener um einen Todesstoß, damit die Leute nicht sagen »Abimelech wurde von einem Weib erschlagen«. Solche Sorgen machen sich manche Leute knapp vor ihrem Tod.

Ein dramatisches Schicksal hatte auch der Richter Jephtah. Es kommt wieder einmal zu einer großen Schlacht gegen die Amoriter. Jephtah bietet Gott ein Geschäft an: »Wenn du die Ammoniter in meine Hand gibst, so will ich als Sieger heimkehren und das Erste, was aus meinem Haus mir entgegentrifft, opfern.« Jephtah kehrt als Sieger heim und seine viel geliebte Tochter, sein einziges Kind, kommt ihm singend und tanzend entgegen. Das Mädchen darf noch zwei Monate lang seine Jungfernschaft beweinen und stellt sich dann aus freiem Willen als Brandopfer zur Verfügung. Wo bleibt der rettende Engel, wo Gottes Güte? Wo das heilige Verbot von Menschenopfern?

Jephtah wird in einen Streit mit Ephraim verwickelt. Es kommt zum Kampf, Hebräer gegen Hebräer. Jephtah siegt und besetzt die Furten des Jordan. Wer über den Jordan will, muss sagen »Schiboleth«. Wenn er es ausspricht wie »Siboleth« wird er als Ephraimer erkannt und niedergemacht. Zu dieser Zeit sterben vom Stamm Ephraim 42 000 (Richter 12,6), steht in der Bibel. Man muss sich das etwa so vorstellen: Wer von der Steiermark über die Mur nach Kärnten will, muss »Lei-lei« sagen. Sagt er »Leui-leui« wird er in der Mur ertränkt.

Das System der Richter vereinigt die Legislative und Exekutive in einer Person. Es war aber tatsächlich eine Art Bundesrepublik der

Stämme. Die Führer wurden gewählt und nur in seltenen Fällen durch Erbfolge bestimmt. Das ständige Schwanken des Volkes zwischen dem unsichtbaren, nur im Fühlen und Denken vorhandenen Gott und den Götzenbildern spiegelt wohl auch das alte Ringen um die Macht zwischen Medizinmann und Häuptling wider. Der abstrakte Gott gibt jenen Macht, die imstande sind, glaubhaft zu behaupten, mit Gott in Kontakt zu stehen und zu wissen, was er von uns will. Die Götzen, die man ja sehen und angreifen kann, können wohl Angstgefühle auslösen, aber nie so tief in das menschliche Fühlen und Denken eindringen wie ein in der Fantasie vorhandener Schöpfer aller Dinge.

Simson

Die Philister im Gaza-Streifen (schon wieder der Gaza-Streifen!) haben eiserne Wagen, und dagegen hat anscheinend auch Gott kein Rezept. Sie beherrschen Israel 40 Jahre lang. Manoah ist ein Mann aus dem Stamm Dan. Seine Frau ist unfruchtbar, aber eines Tages erscheint ihr ein Engel. Er verspricht ihr ein Kind und sie wird schwanger. Manoah möchte diesen Engel gerne sehen, was ich an seiner Stelle auch gerne gewollt hätte. Der Engel kommt wieder und gibt genaue Anweisungen in Bezug auf den zu erwartenden Sohn. Die Schwangere muss koscher essen, darf keinen Wein trinken und dem zu erwartenden Sohn nie die Haare scheren. Manoah richtet ein Brandopfer und der Engel fährt in der Flamme hinauf in den Himmel, das hat den Ehemann sicher sehr beruhigt. Die Frau gebärt einen Sohn, nennt ihn Simson (hebräisch Schimschon) und lässt seinen Wuschelkopf ungehindert wuchern.

Haupthaare haben eine geheimnisvolle Symbolkraft. Leibeigenen, Gscherten, Sträflingen, Soldaten, allen Menschen, die unter Zwang, Strafe und Disziplin stehen, werden und wurden immer die Haare geschoren. In Zeiten von Revolten, Aufbruch, Freiheit und Kreativität, in solchen Zeiten ist langes Haar modern. Karl Marx trug lange Haare, Stalin kurze. Rasierte Köpfe erinnern an Totenschädel, sollen maskulin und beängstigend wirken.

Simson ist erfüllt von dem Glauben, dass sein Haupthaar die Verbindung Israels mit Gott bedeutet, und diese Überzeugung gibt ihm Kräfte, die Menschen im Allgemeinen nur in Trance oder Tobsuchtsanfällen entwickeln können. Er fühlt sich von Gott beauftragt, die Philister zu bekämpfen, und wir nennen ihn bis heute *Schimschon hagibor,* Simson der Held. In allen Religionen gibt es einen Kraftmeier, der alles kann, aber unserer hat die schönsten Pejes. Sein Leben ist die tragische Geschichte eines Mannes, der alles kann, Unglaubliches vermag, aber über seinen blinden Sexualtrieb stolpert und in die Katastrophe stürzt (da ist er sicher nicht der Einzige).

Simson verliebt sich in ein Philister-Mädchen und macht sich auf nach Thimnath, um sie zu ehelichen. Es ist ein angenehmer Morgen in der Negev-Wüste, und hinter einem Felsen streckt ein junger Löwe seine Glieder. Er denkt an ein gutes Frühstück, eine Antilope wäre lecker, aber als junger Anfänger könnte man im Kampf mit so einem gehörnten Brocken auch leicht den Kürzeren ziehen, also halten wir Ausschau nach etwas Kleinerem. Dieser Morgen scheint unserem *gfir araijot,* Löwenjüngling, hold zu sein, denn was da gegangen kommt, ist ein Mensch. Ein Mensch, das hilfloseste Wesen unter allen Säugetieren. Das Wasser läuft dem Löwen im Mund zusammen – ein Brüller – ein Sprung – und dann wird es plötzlich

Simson zerreißt den Löwen.

finster. Das unbewaffnete Menschenkind fühlt einen plötzlichen Energiestoß durch seinen Leib rasen. Sein Haupthaar zittert wie von elektrischem Strom geladen, eine nie gekannte Hitze durchströmt seinen Körper, alle seine schlummernden Kraftreserven ballen sich zusammen und entladen sich in der Sekunde der Tat. Er packt das Tier am Kopf und Unterkiefer und reißt es entzwei, »wie man ein Böcklein zerreißt« (Richter 14,6).

Am Heimweg sieht er, dass sich im Kadaver des Löwen ein Bienenschwarm eingenistet hat, und er kann Honig mitnehmen. Vor der Hochzeit veranstaltet er mit dreißig Philistern ein Jungmänner-Fest. Er gibt seinen Gästen ein Rätsel auf, Wetteinsatz dreißig Festkleider. »Speise ging von dem Fresser und Süßigkeit von dem Starken« (Richter 14,14), hebräisches Original »Vom Esser kam heraus Essen und vom Mutigem kam heraus Süßigkeit«. Die Philister können diese verworrene Geschichte natürlich nicht erraten. Was machen sie? Erraten. Sie gehen zu Simsons Philister-Braut mit der Forderung: »Die Lösung des Rätsels oder der Tod.« Die Braut weint Simson sieben Tage in die Ohren, und er verrät ihr schließlich das Rätsel. Jetzt wissen es natürlich auch die dreißig Jungmänner. Simson hat seine Wette verloren.

Was tun? Er geht nach Askalon, erschlägt dreißig Philister, raubt ihnen dreißig Festkleider und bezahlt damit seine Spielschulden. Seine Braut wird inzwischen mit einem Philister verehelicht und das ärgert Simson sehr. Er fängt im heiligen Zorn 300 Füchse, bindet ihnen paarweise die Schwänze zusammen und dazu eine brennende Fackel. Er jagt die Füchse in die Äcker und Olivenhaine der Philister. Die gesamte Ernte wird ein Raub der Flammen. Tierschutzvereine gab es ja in der Zeit von Simson keine, aber die Gesetze von Moses verbieten ausdrücklich, Tiere zu quälen. Es ist auch nicht einzusehen, wozu man, um ein Feld anzuzünden, 300 Füchse benötigt und wie man schnell 300 Füchse einfängt.

Simson versteckt sich in einer Höhle. Die Philister verbrennen seine ehemalige Braut mit ihrer gesamten Familie und ziehen mit einer Armee gegen den Stamm Juda. Unter dieser Bedrohung ziehen 3000 Mann von Juda zu Simson und er lässt sich von ihnen gefesselt an die Philister ausliefern. Die sind natürlich hellauf begeistert und beraten, wie man Simson am schrecklichsten zu Tode foltern könnte. Dazu kommt es aber nicht, denn Simson zerreißt seine Fesseln, erwischt einen Knochen (Eselskinnbacken) und erschlägt mit dieser mickrigen Waffe 1000 Philister (Richter 15,15). Steht in der Bibel.

Eines Tages geht Simson nach Gaza, um eine Hure zu besuchen. Gegen Mitternacht verabschiedet er sich, wir wollen annehmen, dass er ordnungsgemäß bezahlt hat. Er stellt fest, dass das Stadttor bereits geschlossen ist, und die Philister warten nur auf das Tageslicht, um ihn umzubringen. Simson reißt das Tor aus den Angeln und trägt es auf einen Berg hinauf. Ein Stadttor am Berg! Dies ist wohl die erste gelungene Installation, das erste Event der Kunstgeschichte. Simson demütigt die Philister mit der lässigen Überlegenheit eines 007.

Alle diese eher fragwürdigen Heldentaten sind im Sinne der Bibel als ein Plan Gottes zu verstehen, um die Philister in einen Krieg zu verstricken und Israel zu befreien. Simson ist gewissermaßen der »Stänkerer Gottes« und er fungiert 20 Jahre als Richter in Israel.

Er verliebt sich in eine Philisterin namens Delila, hebräisch Dlila. Delila beginnt ihn auszufragen, was es mit seinen übermenschlichen Kräften für eine Bewandtnis habe und wie es möglich wäre, ihn zu bezwingen. Simson muss wissen, dass hinter dieser Frage die Absicht steht, ihn umzubringen, und tatsächlich hat man Delila viele tausende Silberlinge für das Geheimnis von Simsons Kraft angeboten. Drei Mal erzählt Simson Delila Lügen über verschiedene Stricke und Knoten, die seine Kraft lähmen würden. Drei Mal kommen die Philister, drei Mal reißt er sich los. Delila umklammert ihn und flüstert ihm endlos das dümmste aber wirkungsvollste aller weiblichen Argumente in die Ohren: »Du liebst mich nicht mehr.« Und beim vierten Mal sagt er ihr die tödliche Wahrheit: »Meine Kraft kommt von Gott durch meine Haare, die mir nie geschoren wurden.« Simson schläft auf dem Leib Delilas ein und weiß, was ihn erwartet. Die Philister schneiden dem Schlafenden die Haare ab und binden ihn. Er springt auf und ist hilflos ausgeliefert, wie jeder gefesselte Mensch. Die Augen werden ihm ausgestochen. Man bringt ihn nach Gaza. Angekettet muss er im Gefängnis die Mühlsteine drehen (Richter 16,21).

Seine Ex-Braut hat sein Rätsel aus Angst verraten und mit ihrem Leben bezahlt. Die Hure von Gaza hat ihn aus Patriotismus verraten und blieb am Leben. Delila hat ihn aus Geldgier verraten und wurde reich. Simson taumelt blind unter der Peitsche des Aufsehers im Kreis, von Morgen bis Abend, Stunde um Stunde, Tag für Tag, Woche für Woche. Hass im Herzen und Verzweiflung über seinen eigenen Verrat an Gott, fleht er um den Tod. Aber sein Tod sollte nicht das röchelnde, einsame Krepieren eines zu Tode geschundenen Menschen sein, sondern das letzte Aufbegehren eines Hoffnungslosen.

Taamut navshi im plishtim – für Jahrtausende wurde dieser Satz zu einem hebräischen geflügelten Wort und ist heute mehr denn je ernst gemeint. Die Fürsten der Philister veranstalten ein Fest und als Höhepunkt der Freude wird Simson gebracht. Er muss als blinder Clown tanzen und stolpern, seine Hosen verlieren und den Fußboden lecken, so wie es 3000 Jahre später in den Straflagern der Nazis

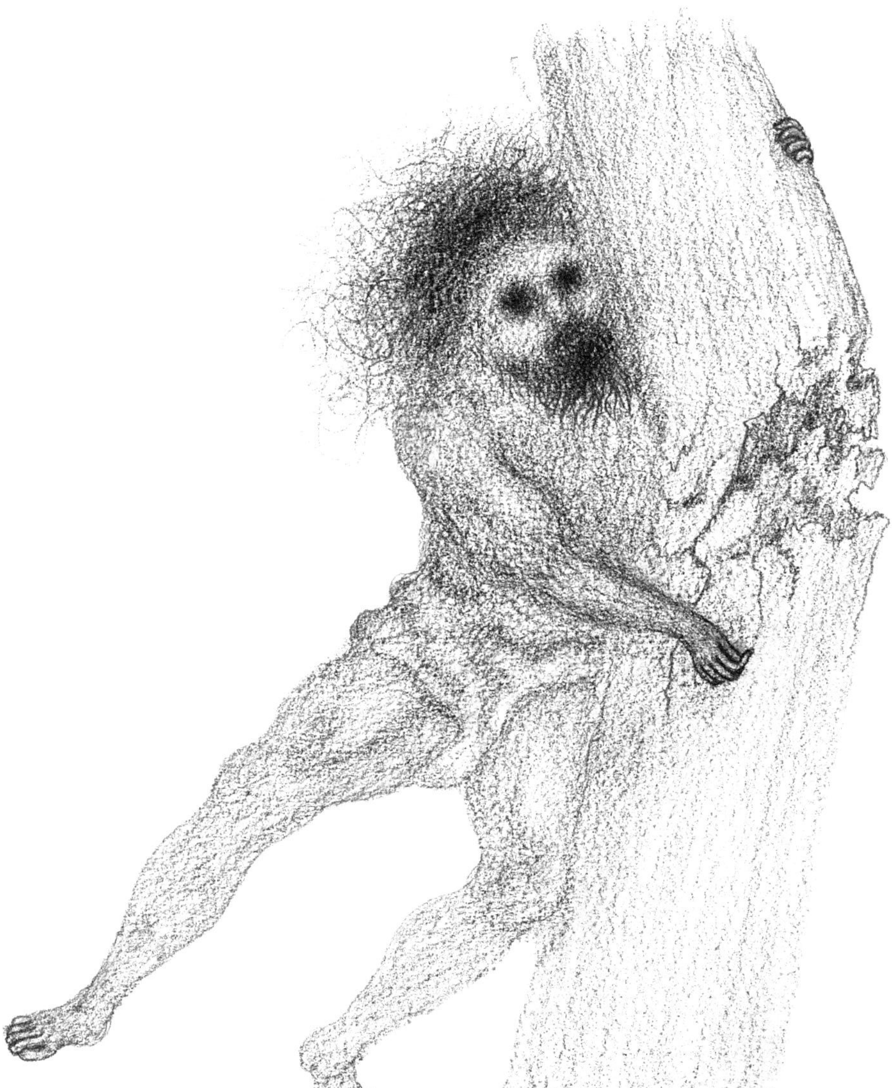

Meine Seele sterbe mit den Philistern!

üblich war. Aber das Haupthaar Simsons war inzwischen nachgewachsen. Ein Knabe führt ihn zu einer tragenden Säule des Gebäudes. Simson ergreift sie und fühlt, wie eine ekstatische Kraft in seine Glieder strömt, und aus seinem Mund schreit es: »*Taamut navshi im plishtim.*« »Meine Seele sterbe mit den Philistern!« (Richter 16,30). Ein Druck auf die Säulen, das Gebäude stürzt ein und begräbt Simson zusammen mit allen Fürsten der Philister.

Das Verbrechen der Benjaminiter

Ein Mann aus dem Stamm Levi ist unterwegs mit seiner Nebenfrau. Es wird Abend, es wird Nacht, er erreicht die Stadt Gibea vom Stamm Benjamin und wird von einem alten Mann eingeladen, in dessen Haus zu übernachten. Eine Gruppe junger Männer umstellt das Haus und fordert die Auslieferung des Gastes, um diesen zu vergewaltigen. Um seinen Gast zu schonen und sein Haus vor der Schande zu bewahren, bietet der Hausherr seine junge Tochter, die noch Jungfrau ist, als Opfer an: »Die mögt ihr zu Schanden machen.« Die Herren wollen aber unbedingt »den Gast zu Schanden machen«, geben sich aber zufrieden, als ihnen die Nebenfrau des Gastes ausgeliefert wird, die zitternd aus der Türe gestoßen wird. Ihr Mann verbringt die Nacht hinter der verschlossenen Türe sitzend und er hält sich die Ohren zu, um ihre Schreie nicht zu hören. Die Verbrecher treiben es mit ihr die ganze Nacht und am Morgen liegt sie tot vor der Tür und hat ihre Hände an die Türschwelle gekrallt (Richter 19,27). Steht in der Bibel.

Dieser Mensch wurde nicht nur vergewaltigt, sondern auch zu Tode gefoltert. Sie wurde geprügelt, man hat ihr Gegenstände ins Geschlecht gebohrt, sie haben ihr die Brüste abgeschnitten.

Der Mann zerteilt seine Nebenfrau in zwölf Stücke und sendet an jeden Stamm der Hebräer eines der blutigen Glieder mit einem Bericht über das Geschehene. Diese Tat von einigen Verbrechern wird von den Hebräern als eine religiöse und daher nationale Katastrophe verstanden. Dementsprechend ist die Reaktion aller Stämme und Benjamin wird aufgefordert, die Täter auszuliefern, was aber nicht geschieht. Vermutlich waren einige der Missetäter Söhne hochgestellter Persönlichkeiten, die ja manchmal glauben, tun und lassen zu können, was ihnen beliebt. Eine Armee von 400 000 Mann aus allen Stämmen wird gesammelt, um den Stamm Benjamin zu bekämpfen. 20 000 Benjaminiter stellen sich dieser Übermacht entgegen, und es gelingt ihnen zwei Mal, in der Schlacht zu siegen. In ihren Reihen kämpfen 700 Scharfschützen. Linkshänder, die mit der Schleuder ein Haar treffen können (Richter 20,16).

In einer dritten Schlacht unterliegen die Benjaminiter. Die Armee Israels dringt in die Stadt Gibea ein und massakriert den Stamm Benjamin. 600 Benjamin-Kriegern gelingt es, auf den Berg Rimon zu fliehen und zu überleben. Jetzt beginnt aber großes Weinen in ganz Israel und man überlegt, wie man für die 600 verbliebenen Benjaminiter Frauen auftreiben könnte, um den Stamm am Leben zu erhalten. Die Lösung dieses Problems ist einfach und schrecklich.

Der israelische Stamm Jabes in Gilead hat sich nicht am Kriegszug beteiligt, was als Verrat gewertet wird, und man schickt 12 000 Krieger mit folgendem Auftrag: »Geht nach Gilead, schlachtet alle ab, Männer, Kinder und verheiratete Frauen« (Richter 21,10). Was ihr

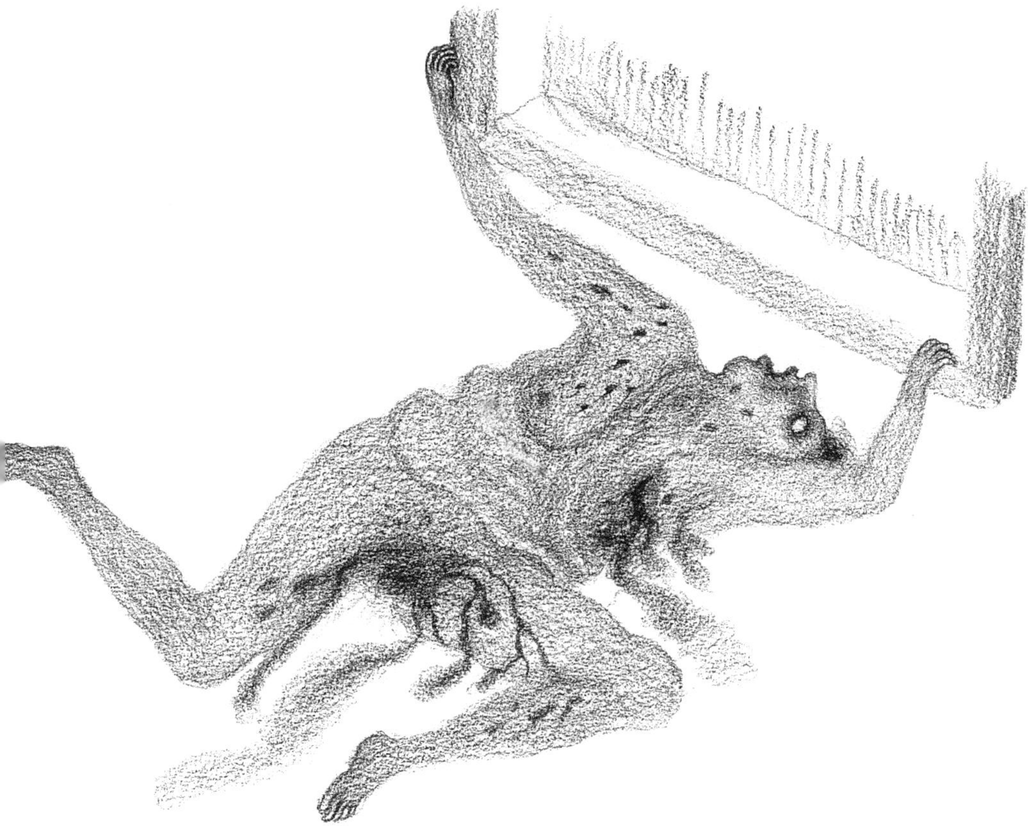

Die ermordete Frau

Die geraubte Tänzerin

an Jungfrauen findet, verschont und bringt zu den Benjaminitern. Es geschieht wie geplant und 400 Jungfrauen werden geliefert. Es sind aber 600 ledige Benjaminiter zu versorgen. Was tun? In den Weinbergen von Silo findet jährlich ein Fest statt, bei dem alle Jungfrauen singend den Reigen tanzen. Den Benjaminitern wird gestattet, bei dieser Gelegenheit Mädchen zu rauben, so viel sie wollen und brauchen. Diese Szene wurde oft gemalt, manchmal besser, manchmal schlechter.

Israel versteht sich als ein Körper, der ein kleines, aber stinkendes Furunkel durch Amputation eines ganzen Gliedes ausmerzt. Die Motivation ist eine religiöse, aber im Laufe der Amputation werden alle wichtigen Gebote der Religion gebrochen. Unschuldige Menschen, Kinder und Frauen werden abgeschlachtet. Mädchen werden wie Tiere eingeteilt und vergeben. Wer nicht mitmachen will, stirbt und seine Stadt wird verbrannt. Es ist ein klassisches Beispiel, wie eine Spirale der Gewalt zu einem Vernichtungskrieg zwischen Brüdern führen kann. Die Benjaminiter geben aus falschem Stolz die Mörder nicht heraus. Israel schickt zunächst Juda, um eine kleine Polizei-Aktion zu erledigen. Nachdem diese misslingt, lässt Israel die Muskeln spielen, haut drein und zahlt drauf. Jetzt wird es eine Frage der Ehre und der Macht. Israel siegt und der verletzte Stolz hat Hass aufgebaut, der in einem Massenmord am Stamm Benjamin mündet. Es ist anzunehmen, dass die Mörder der Frau unter den 600 geretteten Benjaministen waren und sich zum Schluss vergnügt Mädchen unter den Tänzerinnen ausgewählt haben.

Ruth und Naemi

Wieder einmal herrscht eine Hungersnot in Kanaan. Elimelech aus Bethlehem zieht mit seiner Frau Naemi und mit seinen beiden Söhnen ins Land der Moabiter. Die Söhne heiraten die Moabiterinnen Orpa und Ruth. Elimelech stirbt, die beiden Söhne sterben und Naemi bleibt als Witwe mit ihren beiden Schwiegertöchtern zurück. Die drei sind mittellos und leben zweifellos auf der untersten sozialen Stufe der Gemeinschaft. Naemi macht sich auf, um nach Bethlehem zurückzuwandern, und rät ihren Schwiegertöchtern, die sie innig lieben, bei ihrem eigenen Volk zu bleiben. Orpa bleibt, aber Ruth kreiert einen Satz, der bis heute im Judentum Allgemeingut ist. »Wo du hin gehst, da will auch ich hin gehen; wo du bleibst, da bleibe ich auch. Dein Volk ist mein Volk, und dein Gott ist mein Gott« (Ruth 1,16). Es ist eine Ode an die rein geistige Verbundenheit des Volkes Israel und eine eindeutige Absage an den Rassismus.

Die beiden kommen halb verhungert nach Bethlehem, wo gerade die Gerste geerntet wird, und Naemi schickt Ruth aufs Feld, um die Resthalme einzusammeln. Ein von den mosaischen Gesetzen verbrieftes Recht der Armen. Der Besitzer des Feldes mit Namen Boas ist ein Verwandter des verstorbenen Elimelech und »Erlöser« von dessen Erbe. Dies bedeutet, er muss Naemis Erbe kaufen. Es handelt sich um Äcker und natürlich auch um Elimelechs Schwiegertochter Ruth. Naemi redet Tacheles: Sie schickt Ruth nächtens zu Boas Nachtlager. Ruth, die ja eine erfahrene Ehefrau ist, weiß, wie man so etwas macht, und kuschelt sich gewaschen und gesalbt zu Boas.

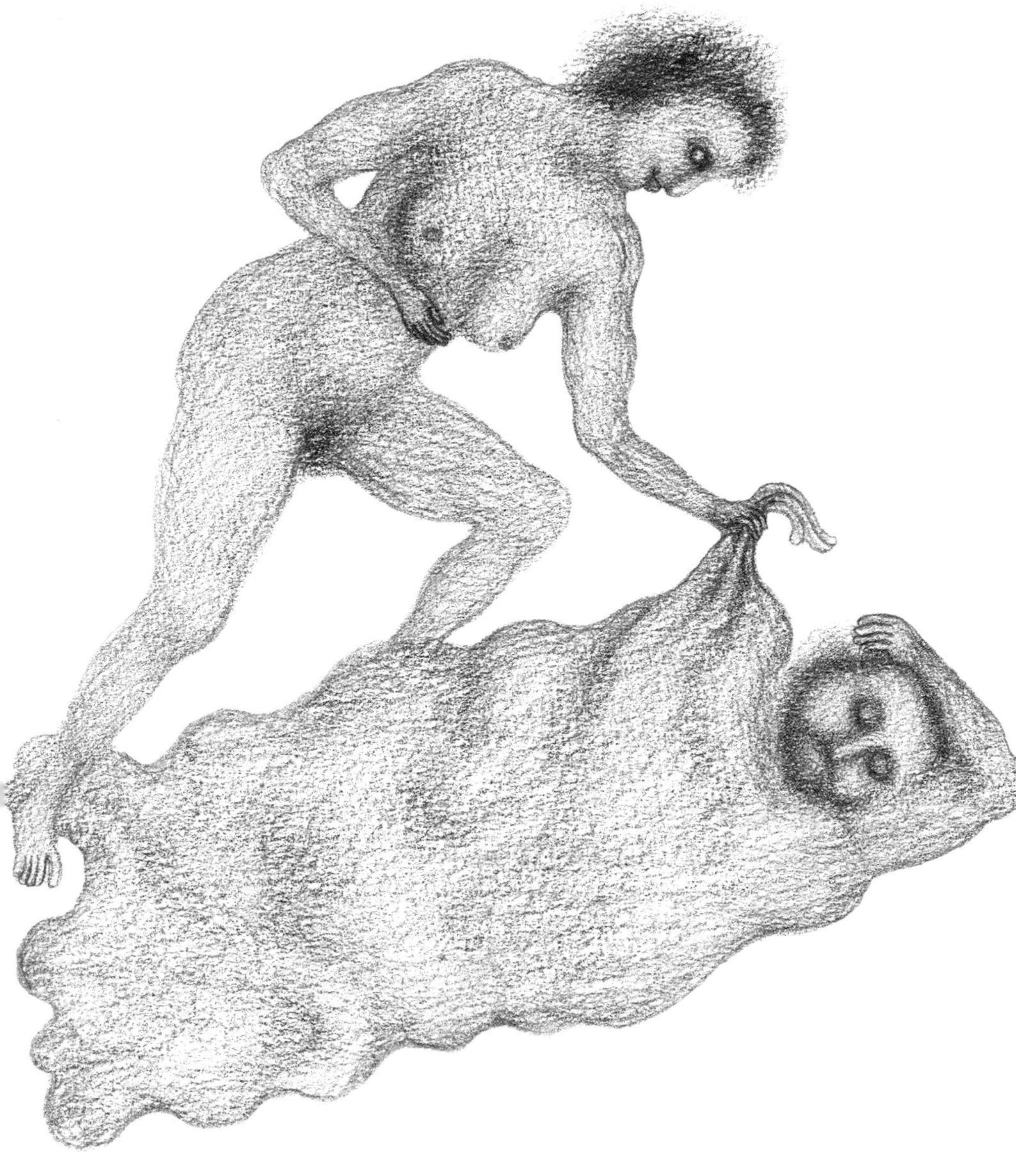

Ruth bei Boas

Dieser erweist sich aber als perfekter Gentleman und sagt: »Zuerst kaufen, dann besitzen.« Alles wird ordnungsgemäß abgewickelt. Naemi bekommt einen Haufen Geld, Ruth einen guten Ehemann und sie wird die Urgroßmutter von König David. Die Nazis hätten David als Mischling dritten Grades gebrandmarkt.

Samuel

Samuel (hebräisch Schmuel) wird unter etlichen Wundern geboren und als Priester aufgezogen. Er wirkt als gerechter Richter und in seiner Zeit gelingt es Israel, sich von der Herrschaft der Philister zu befreien. Er wird alt und übergibt die Herrschaft seinen beiden Söhnen, die sich aber leider als korrupte Lumpen erweisen. Das Volk will einen König wie alle »Heiden« (1. Samuel 8,3–4).

Der Mensch neigt leider oft dazu, die Pracht eines Herrschers mit der Qualität seiner Verwaltung und Solidität der Wirtschaft zu verwechseln. Samuel weiß das und warnt: »Ein König nimmt eure Söhne für seine Kriegswagen, er lässt euch seine Äcker bearbeiten, seine Ernte einsammeln und seine Waffen schmieden. Eure Töchter müssen für ihn kochen und putzen. Die besten Weinberge und Felder im Land gibt er seinen Freunden und Verwandten. Eure Tiere und Sklaven müssen ihm dienen und von allem, was ihr schafft, nimmt er den Zehenten« (1. Samuel 8,11–17).

König Saul

Genau das scheint es aber zu sein, was das Volk will, und Samuel sucht nach einem König. Ein angesehener Mann vom Stamm Benjamin hat einen Sohn namens Saul (hebräisch Scha'ul), der ein großer und außergewöhnlich schöner Mann ist. Um einige verloren gegangene Esel zu suchen, ist er unterwegs, als er auf Samuel trifft, der ihn zum König salbt. Zu dieser Zeit wurden die Hebräer in Gilead von den Ammonitern bedroht. »Wir werden jedem von euch das rechte Auge ausstechen.« Saul zerstückelt ein Rind und sendet die Teile an alle Stämme mit folgender Nachricht: Wer nicht mit mir in den Krieg gegen die Ammoniter zieht, dessen Tiere werde ich zerstückeln. Daraufhin versammeln sich 330 000 Krieger um Saul, und sie vernichten die Armee der Ammoniter. Damit ist Sauls Prestige als König gefestigt, und Samuel legt sein Richteramt nieder.

Die Philister sammeln sich zum Krieg gegen Israel: 3000 Kampfwagen und Fußvolk »wie Sand am Meer«. Die Hebräer geraten in Panik und verstecken sich in Höhlen und Löchern. Jonathan, ein Sohn Sauls, trifft auf einen Wachposten der Philister und erschlägt zwanzig Mann, was Schrecken und Chaos bei den Philistern auslöst. Saul bekämpft mit Erfolg alle Völker in Kanaan, mit dem göttlichen Auftrag, alles Leben zu vernichten. Dass er einige Zuchttiere und den König der Amalekiter, Agag, verschont, wird ihm als Ungehorsam gegenüber Gott ausgelegt. Saul bereut und schleppt den zitternden König Agag herbei. »Also zerhieb Samuel den Agag zu Stücken« (1. Samuel 15,33), das steht in der Bibel.

Sauls Verlust seiner Königswürde ist nur mehr eine Frage der Zeit, und Samuel zieht nach Bethlehem, um einen neuen König zu suchen.

Samuel und König Agag

Isai hat acht Söhne, und Samuel lässt sich sieben vorführen, lehnt sie alle ab und fragt Isai nach dem achten. »Dieser ist noch ein Knabe, er hütet die Schafe.« Man lässt ihn holen. »Und er war bräunlich mit schönen Augen und von guter Gestalt« (1. Samuel 16,12). Sein Name ist David.

Samuel salbt den Knaben zum König. Mit der Salbe allein ist es allerdings noch nicht getan. Noch sitzt Saul fest auf seinem Königsthron. Allerdings hat er Depressionen und Albträume. Er wünscht sich einen begabten Harfenspieler (im Original Geigenspieler) zur Ergötzung und Aufheiterung. Man findet einen Hirtenjüngling namens David, der ein wunderbarer Musiker ist. Es ist bekannt, dass die Geige von den Arabern über Spanien nach Europa gebracht wurde. Es gab sie aber schon viele Jahrhunderte vor unserer Zeitrechnung. Sollte David der Erfinder der Geige sein? Damit beginnt eine Geschichte, die seit vielen Jahrhunderten als Vorlage für zahllose Lieder, Romane, Theaterstücke und Bilder dient.

David

David kommt also als Unterhalter an den Königshof. Saul gewinnt ihn sofort »sehr lieb« und macht ihn zu seinem persönlichen Waffenträger. Die Philister ziehen wieder einmal mit einer gewaltigen Armee gegen Israel und lagern auf einem Hügel vor den Kriegern der Hebräer. Jeden Morgen taucht im Tal zwischen den feindlichen Armeen ein Riese namens Goliath auf. Er ist breit wie ein Kasten und sechs Ellen und eine Hand breit hoch, also auch nach heutigen Maßstäben ein gewaltiger Brocken. Ausgerüstet mit einem Schuppenpanzer und Beinschienen, Helm und Schild haben ein Gewicht von »500 Lot Erz« (1. Samuel 17,5), im hebräischen Original »5000 Shekalim Kupfer«.

Er trägt einen Spieß von der Größe eines Bahnschrankens und ein in der Morgensonne glänzendes, riesiges Schwert. Er fordert von den Hebräern einen Gegner zum Duell, der Ausgang des Kampfes soll über den Sieger der beiden Heere entscheiden. Dies geht so wochenlang jeden Morgen und keiner der Hebräer wagt das Duell.

Wenn ein solcher Zweikampf tatsächlich eine Massenschlächterei ersparen könnte, wäre das eine großartige, sportlich elegante Lösung für so manchen Streit, besonders wenn die jeweiligen Herrscher persönlich in den Ring stiegen. Natürlich sind damit widersprüchliche Interessen nicht aus der Welt geschafft, und wenn es wie in diesem Fall darum geht, wer wen versklavt und wer die Milch und den Honig konsumiert, so muss man wohl davon ausgehen, dass ein Krieg durch ein solches Duell höchstens aufgeschoben, aber nicht aufgehoben werden kann. David kommt von einem Besuch bei seinen Schafen an die Front und bietet sich als Duellant an. »Wer ist der Philister, dieser Unbeschnittene?« (1. Samuel 17,26). Man hält ihn für einen unreifen, lächerlichen Selbstmörder und gibt ihm eine Rüstung, die ihm natürlich ungewohnt und viel zu groß ist. David wirft Schwert und Spieß und Rüstung weg, sammelt am Bach einige glatte Steine, steckt sie in seine Hirtentasche und geht mit Stock und Schleuder zum Duell.

Unter Schleuder darf man sich nicht eine Astgabel mit Gummizügen vorstellen. Eine Hirtenschleuder wie sie heute noch von Beduinen und Intifada-Palästinensern verwendet wird, ist eine etwa drei Meter lange Lederschleife mit einer Verbreiterung in ihrer Mitte. In diese Verbreiterung wird der Stein gelegt, die beiden Enden der Lederschleife werden in die Hand genommen und im Kreis um den

Kopf gewirbelt. Im richtigen Moment wird ein Ende der Schleife losgelassen und der mit Fliehkraft aufgeladene Stein fliegt mit großer Wucht seinem Ziel entgegen. Allerdings nur, wenn ein Könner tätig ist, bei einem Unerfahrenen wird es nicht einmal sicher sein, in welche Himmelsrichtung der Stein fliegt. Im Stamm Benjamin gab es Spezialisten, die mit beiden Händen schleudern und »ein Haar treffen konnten«.

David geht auf Goliath zu, der das natürlich als jüdische Chuzpe empfinden muss und brüllt: »Komm her zu mir, ich will dein Fleisch geben den Vögeln unter dem Himmel und den Tieren auf dem Felde« (1. Samuel 17,44). Ich vermute, er wollte noch die Geschlechtsorgane von Davids Mutter und Großmutter erwähnen, wie das in solchen Fällen im Orient üblich ist. Dazu kommt es aber nicht mehr, denn der von David geschleuderte Stein trifft Goliath knapp über der Nase und bleibt in seiner Stirn stecken.

Goliath verliert das Bewusstsein und fällt auf sein Gesicht. David eilt herbei, nimmt Goliaths Schwert und schneidet Goliaths Kopf ab. Die Philister, die als Stadtbewohner nicht wissen, wozu eine Hirtenschleuder imstande ist, vermuten überirdische Kräfte und fliehen in Panik. Man bringt David zum König, der sich begeistert zeigt, aber merkwürdigerweise so tut, als hätte er David noch nie gesehen. Der aufmerksame Bibelleser fragt sich, von welcher Art »die Liebe Sauls zu David« wohl war.

Die Hebräer jagen hinter den Philistern her und bringen um, was sie erwischen können. Das Volk jubelt: »Saul hat 1000 geschlagen, aber David 10 000« (1. Samuel 18,7). So etwas aber hören Könige gar nicht gern, und David hat sich mit seiner Heldentat einen Todfeind eingehandelt. Die Tragödie wird noch komplizierter, weil David und Jonathan, Sauls Sohn, sich ineinander verlieben. Saul verfolgt David

David mit der Schleuder

Goliath in voller Rüstung

mit dem Hass eines Herrschers, der um seine Macht bangt. Er wirft mit dem Spieß nach ihm. David weicht aus und die Waffe bleibt in der Wand stecken.

Einen beliebten Volkshelden umzubringen scheint gar nicht so einfach zu sein, und Saul lässt sich eine List einfallen. Er bietet David seine Tochter Michal zur Frau und verlangt als Morgengabe von ihm 100 Vorhäute von getöteten Philistern. Ein zweifellos ziemlich riskanter Auftrag. David, tüchtig wie er ist, bringt 200 Philister um und deren 200 Vorhäute präsentiert er dekorativ verpackt seinem zukünftigen Schwiegervater.

Er heiratet Sauls jüngste Tochter, Michal, die ihn sehr liebt. Nachdem diese List misslungen ist, schickt Saul Mörder, um David zu erledigen. Michal aber verrät den Anschlag und rettet ihrem Mann das Leben. Jonathan verhilft David zur Flucht. Der Abschied zwischen David und Jonathan wird in der Bibel als dramatische Liebesszene geschildert: »Sie küßten sich miteinander« (1. Samuel 20,41), im hebräischen Original »weinten miteinander und begossen einer den anderen«. Steht in der Bibel. Nachdem sie sich ja wohl nicht gegenseitig bepisst haben, wird in den Schulen dieser Satz vom Rabbiner undeutlich murmelnd zitiert.

David wird auf der Flucht von dem Priester Ahimelech unterstützt, der ihm Brot und Goliaths Schwert gibt. Dieses wird Saul berichtet, er lässt Ahimelech und dessen Familie umbringen sowie noch 84 Priester und »Mann und Weib, Kinder und Säuglinge, Ochsen und Esel und Schafe« (1. Samuel 22,19), steht in der Bibel. Saul, der vom Eseltreiber zum König gesalbt wurde und als gerechte Führungsfigur auftritt, verwandelt sich in eine rasende Bestie, wenn seine Macht infrage gestellt wird. Er verfolgt seinen besten und getreuesten Gefolgsmann. Er scheut nicht davor zurück, israelische

David mit der Morgengabe

Brüder abzuschlachten, und fühlt sich von seiner eigenen Familie verraten und verfolgt.

David versteckt sich in der Wüste. Um Psalmen zu erfinden, ist die Wüste sicher die beste Umgebung, man ist durch nichts abgelenkt, außer durch die ständige Gefahr, zu verdursten. David nützt die Einsamkeit und schafft Kunstwerke, die als Lieder und Gebote Allgemeingut der Menschheit sind und Jahrtausende überdauert haben.

Es ist schade, dass wir die Melodien nicht kennen, die David gesungen hat. Wahrscheinlich hatte er eine helle, hohe Stimme, die mühelos mit einem nasalen Klang aus ihm herausströmte, wie es auch heute noch bei jungen Orientalen häufig vorkommt. Seine Melodien waren sicher dem Text untergeordnet, reich an Halb- und Vierteltönen und mit viel Koloratur verziert.

»Der Herr ist mein Hirte; mir wird nichts mangeln. Er weidet mich auf einer grünen Aue und führet mich zum frischen Wasser. Er erquicket meine Seele, er führet mich auf rechter Straße um seines Namens willen. Und ob ich schon wanderte im finstern Tal, fürchte ich kein Unglück; denn du bist bei mir, dein Stecken und Stab trösten mich. Du bereitest vor mir einen Tisch im Angesicht meiner Feinde. Du salbest mein Haupt mit Öl und schenkest mir voll ein. Gutes und Barmherzigkeit werden mir folgen mein Leben lang, und ich werde bleiben im Hause des Herrn immerdar.« (Psalm 23, *Der gute Hirte*)

David versammelt um sich an die 400 Krieger, die aus unterschiedlichen Gründen verfolgt werden. Mit dieser Streitmacht zieht er durch die Wüste und es gelingt ihm, die Stadt Kegila von den Philistern zu befreien. Saul ist dauernd hinter David her, der sich in der Wüste versteckt hält. Saul, der seine Kindheit und Jugend als Hirte verbracht hat, weiß natürlich gut, wo man sich in der Wüste am besten versteckt, und wandert mit seinen Leuten auf der Suche nach

David nach En Gedi. En Gedi ist eine Oase mit einem Wasserfall, der ins Tote Meer hinunterrinnt. Es gibt dort Bananen und Bambus, vielerlei Getier, und bis heute taucht dort manchmal ein Leoparden-Pärchen auf.

En Gedi liegt 400 Meter unter dem Meeresspiegel und im Sommer ist die Hitze unerträglich. Saul findet eine Höhle, in der es angenehm kühl ist, und legt sich schlafen. David, der ja auch seine Kindheit als Hirte verbracht hat, sitzt mit seinen Leuten weiter hinten in derselben Höhle. Die Versuchung, Saul, diesen undankbaren, hasserfüllten Kerl, mit dem Speer an den Boden zu nageln, ist natürlich sehr groß, aber David schneidet dem Schlafenden nur einen Zipfel vom Mantel ab. Ein wunderbares Beispiel von Edelmut und Klugheit.

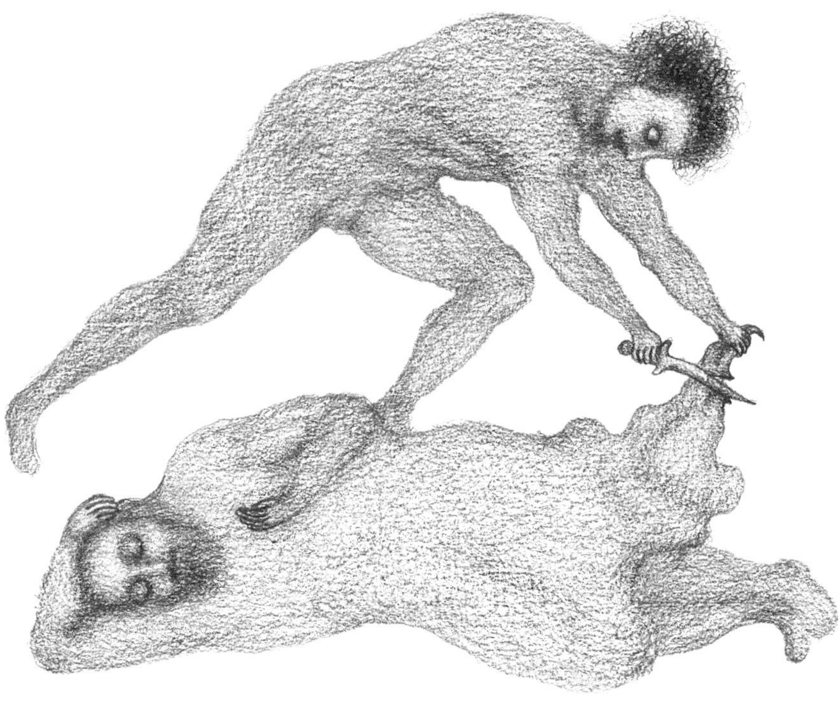

David und Saul

Saul wacht auf, sieht den Zipfel in der Hand seines vermeintlichen Feindes und beginnt vor Scham zu weinen. »Du hast mir Gutes bewiesen; ich aber habe dir Böses bewiesen« (1. Samuel 24,18).

Nabal und Abigail

Nabal (hebräisch Nawal) ist ein sehr reicher Mann. Er besitzt 3000 Schafe, 1000 Ziegen und hat am Berg Karmel ein stattliches Anwesen. Leider hat er einen sehr unangenehmen Charakter. Er ist brutal, herrschsüchtig und vor allem geizig. Geiz ist bekanntlich eine Krankheit, gegen die es keine Medizin gibt, und gepaart mit einer entsprechenden Portion Dummheit ist sie verheerend für den Geizkragen und seine Umgebung. Nabals Frau Abigail hingegen ist weise, schön und gütig. Sie leidet sehr unter ihrem Gatten, der sie anwidert, weil er sie schlägt und aus dem Mund stinkt.

David und seine Krieger schützen Nabals Herden und Hirten vor Räubern. David schickt Boten zu Nabal mit der Bitte um eine Lebensmittellieferung. Die Boten werden brüsk abgewiesen und David macht sich mit seinen Leuten auf, um aus Nabal und seinem Anwesen Kleinholz zu machen. Abigail packt auf Esel 200 Brote, zwei Krüge Wein, fünf gekochte Schafe, 500 Rosinenkuchen, 200 Feigenkuchen und geht David entgegen. David sieht die Brote und die Feigenkuchen und er sieht auch die Frau Abigail. Nabal ist gerettet, stirbt aber später an einer Überdosis von Wein und Schaffleisch. Abigail wird Davids zweite Frau, seine Frau Michal wurde inzwischen mit jemandem anderen verheiratet.

Die Tränen der Scham und Reue waren Saul inzwischen vertrocknet und er zieht mit 300 Mann los, um David endgültig zu erledigen. Saul schläft zwischen seinen schlafenden Wächtern, David schleicht herbei, nimmt Sauls Speer und zieht sich zurück in sein Heerlager. Wieder bedauert Saul, weint und zieht unverrichteter Dinge ab. David aber hat endgültig genug und quartiert sich mit seinen 600 Kriegern bei den Todfeinden der Hebräer, den Philistern, ein.

Achis, der König der Philister, schenkt ihm die Stadt Ziklag, die ihm zwar nicht gehört, aber von den Amelitern bewohnt ist. Der König Achis sieht mit Wohlwollen, dass David die südlichen Städte Judas und der Jerahmeeliter und Keniter ausraubt und vernichtet. »Da aber David das Land schlug, ließ er weder Mann noch Weib leben (...)« (1. Samuel 27,9). Steht in der Bibel.

Als die Philister gegen Israel in den Krieg ziehen, darf David nicht mitmachen. Zum Trost darf er die Amalekiter verfolgen, die Ziklag erobert, verbrannt und geplündert haben. Alle Bewohner waren verschleppt, auch Davids zwei Frauen Abigail und Achinoam. Die Amalekiter unterliegen, werden niedergemacht, alle Verschleppten befreit und die Beute von David gerecht aufgeteilt.

Inzwischen streiten die Philister gegen Israel und siegen. Jonathan stirbt, Saul ist schwer verwundet und sieht die Armee der Philister über die blumenbewachsenen Hügel des Gilboa heranstampfen. »Zieh dein Schwert aus und erstich mich damit, daß nicht diese Unbeschnittenen kommen und mich erstechen und treiben ihren Spott mit mir« (1. Samuel 31,4), sagt er zu seinem Waffenträger, der sich aber weigert aus Ehrfurcht vor dem Leben des Gesalbten. Saul steckt seine Waffe mit dem Heft in die Erde, wirft sich in das Schwert und stirbt. Sein Waffenträger tut es ihm gleich. David weint um Saul und Jonathan bittere Tränen. »Es ist mir leid um dich, mein Bruder Jonathan: ich habe große

Freude und Wonne an dir gehabt; deine Liebe ist mir sonderlicher gewesen, denn Frauenliebe ist« (2. Samuel 1,26). Das steht in der Bibel.

David wird König von Juda und sogleich gibt es Krieg zwischen ihm und Sauls Sohn Is-Boseth. Es geht in dem Bruderkrieg nicht mehr um Land oder Wasserquellen, sondern nur noch um die Ehre, König über ganz Israel zu sein. David siegt, Is-Boseth wird im Schlaf umgebracht und seine Mörder, die der Meinung sind, David einen großen Gefallen erwiesen zu haben, werden von diesem erwürgt und mit abgehackten Händen und Füßen aufgehängt.

Is-Boseth sollte nach Davids Meinung keinen unehrenvollen Tod erleiden. Mit dem Beginn des Königtums in Israel macht sich bei den Hebräern eine Art Ritterkultur breit, ein Gemisch aus Edelmut, sinnloser Grausamkeit und Eifersucht (2. Samuel 1,19).

David ist König über ganz Israel. Er wird sesshaft in Jerusalem, nachdem er die Jebusiter von dort vertrieben hat, und wird immer mächtiger. Die sogenannte Lade Gottes oder, wie es im Original heißt, der Kasten Gottes, ist das wichtigste Heiligtum der Hebräer. David bringt sie nach Jerusalem, lässt Trommeln, Blas- und Saiteninstrumente erklingen. Das Volk jubelt und singt. David tanzt, nur mit einem Lendenschurz bekleidet, ekstatisch vor dem Kasten Gottes nach Jerusalem.

Seine Frau Michal, die inzwischen wieder bei ihm ist, findet das aber unanständig und bleibt zur Strafe unfruchtbar bis an ihr Lebensende. Sie hat nicht begriffen, dass David für Gott tanzt und nicht, wie sie meint, für die Mägde seiner Krieger.

David hat nicht vergessen, was er Jonathan geschworen hat. Er findet Jonathans Sohn, Mephiboseth, den Verkrüppelten, und

David tanzt.

gibt ihm alles, was vom Erbe Jonathans und Sauls übrig geblieben ist. Mit zahlreichen Beispielen ist David in der Bibel als gerechter und edelmütiger Mann geschildert, aber zugleich zählt der Text sehr genau und geradezu genussvoll die Opfer seiner siegreichen Kriege auf. Diese gehen in die Hunderttausende. Man kann davon ausgehen, dass es sich um erfundene Zahlen handelt, aber König David ist eine wissenschaftlich nachgewiesene Figur. Sein Reich herrschte eine Zeit lang über alle Nachbarvölker und so ähnlich, wie es in der Bibel geschrieben steht, muss es sich wohl abgespielt haben.

Davids Sündenfall

David, ein schöner, mächtiger, begabter, erfolgreicher Kriegsheld, der Musik macht, tanzt, Psalmen schreibt und sich selbst versteht als von Gott auserkoren, den Stamm der Hebräer für immer zu einem mächtigen Volk zu machen. Eine Art antiker Leonardo da Vinci. Auf der Höhe seiner Macht zerstört er sein Leben für eine kurze Leidenschaft, einen sogenannten Quickie. David sitzt am Dachgarten seines Palastes und sieht auf dem gegenüberliegenden Dach eine nackte Frau sich waschen. Ich vermute, diese Frau hat das mit Absicht getan, denn wenn David sie sehen konnte, dann konnte sie ihn ja auch sehen und sie hätte auf das Bad ja wohl verzichten können.

David lässt sie holen und schwängert sie. Ihr Name ist Bath-Seba und sie ist die Gattin Urias, eines Kampfgefährten und engen Freundes von David. Uria ist als Feldherr im Einsatz. David lässt ihn zur Berichterstattung nach Jerusalem kommen, speist mit ihm, trinkt

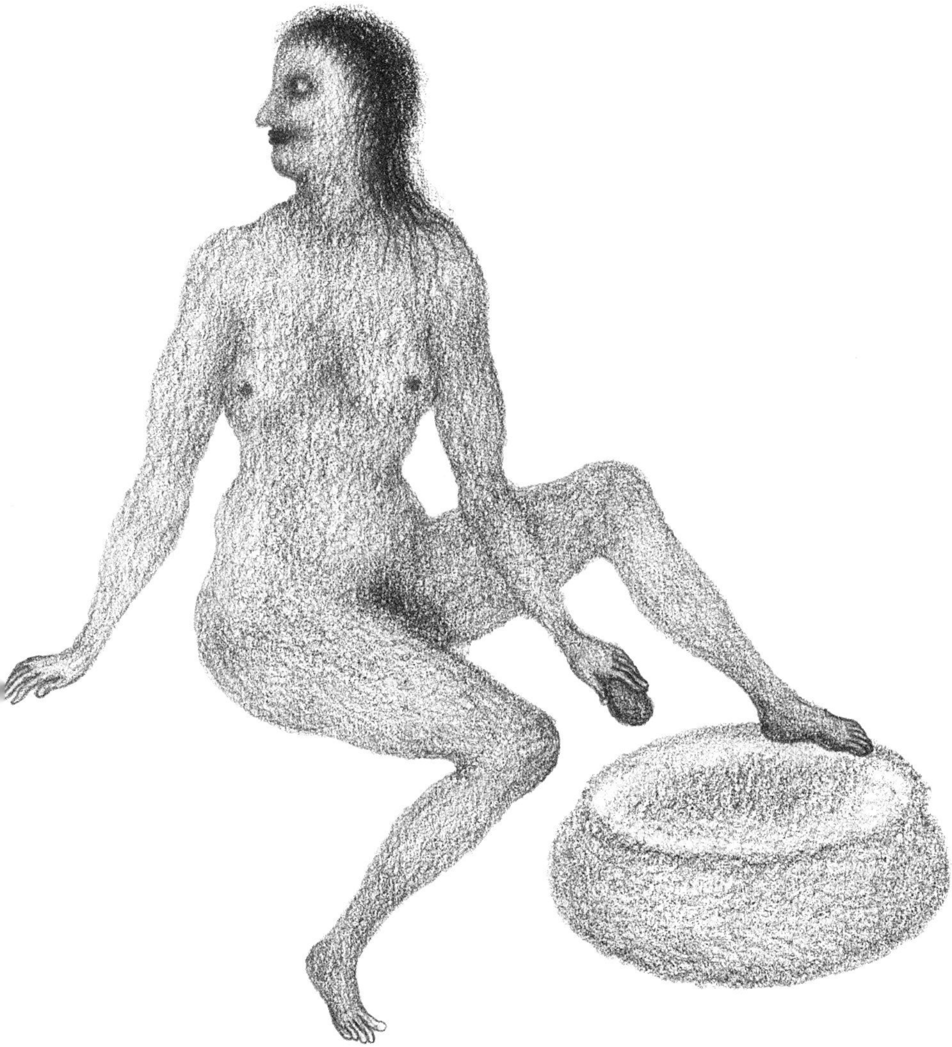

Die badende Bath-Seba

mit ihm Wein und schickt ihn zu seiner Gattin mit dem Hintergedanken, er möge dem zu erwartenden Kind ein Vater sein. Uria isst, trinkt, geht aber nicht zu seiner Frau. Edel wie er ist, will er seine Soldaten nicht allein im Feld lassen. David hat ein Problem und er will es lösen, indem er ein noch größeres Verbrechen begeht. Er lässt einen Vertrauensmann dafür sorgen, dass Uria im Kampf stirbt. »Stellet Uria an den Streit, da er am härtesten ist, und wendet euch hinter ihm ab, daß er erschlagen werde und sterbe« (2. Samuel 11,15) steht in der Bibel.

David heiratet Urias Witwe Bath-Seba. Der Prophet Natan weiß, was David getan hat, und prophezeit ihm Krieg innerhalb seiner Familie als Strafe Gottes. Bath-Seba gebiert einen Knaben, der nach wenigen Tagen stirbt. Bath-Seba wird als Ehefrau Davids wieder schwanger und gebiert einen Sohn und nennt ihn Salomo, hebräisch Schlomo. David streitet wider die Ammoniter, erobert die Stadt Rabba, schleppt massenhaft Gold und Edelsteine fort und foltert die Einwohner mit »eisernen Sägen und Zacken« zu Tode (2. Samuel 12,31), auch das steht in der Bibel.

»So tat er allen Städten«, aber das scheint ja in Ordnung zu sein, da es sich um die Kinder Ammons handelt. Der Widerspruch in Davids Wesen zwischen Edelmut und beispielloser Grausamkeit ist sehr schwer zu verstehen. Er ist überzeugt, göttlichen Willen zu erfüllen, in dem es keine Widersprüche geben kann, und er vermengt diese Aufgabe mit seinen persönlichen Interessen.

Absalom, hebräisch Avshalom, einer von Davids zahlreichen Söhnen, hat eine schöne Schwester namens Thamar. In sie verliebt sich ihr Halbbruder Amnon. Amnon führt ein ganzes Theater auf, stellt sich krank, lässt sich von Thamar pflegen und füttern, vergewaltigt sie und verjagt das entjungferte Mädchen.

Seit es Könige gibt, spielt sich Politik hauptsächlich in den Betten ab. Thamar geht zu ihrem Bruder Absalom. Dieser wartet zwei Jahre geduldig, dann lädt er alle Kinder Davids ein. Man isst, man trinkt und man erschlägt Amnon. David tobt und Absalom flüchtet nach Dezur. Nach drei Jahren darf er nach Jerusalem zurück und erweist sich als hinterfotziges Schlitzohr. Er spielt sich zum gerechten Richter auf und sammelt systematisch Leute um sich, die ihm blind vertrauen und ergeben sind.

Nach 40 Jahren zieht er nach Hebron und lässt sich zum König ausrufen. Es gelingt ihm, Teile des Volkes um sich zu scharen. David ist bedroht und muss wieder einmal mit seinen Leuten in die Wüste flüchten. Unterwegs wird er von einem Nachkommen Sauls mit Steinen beworfen, was er aber ignoriert. »Siehe, mein Sohn, der von meinem Leibe gekommen ist, steht mir nach meinem Leben; warum nicht auch jetzt der Benjaminiter?« (2. Samuel 16,11). David hat aber getreue Spione in den Reihen seines Feindes und Sohnes Absalom. Es kommt, wie es kommen muss: Bruderkrieg innerhalb der Hebräer um den Königsthron. David erteilt an alle seine Kämpfer den ausdrücklichen Befehl, Absaloms Leben zu schonen. Die Schlacht tobt im Wald Ephraim. Absalom bleibt mit seinen langen, wunderbaren, roten Haaren im Geäst einer Eiche hängen und sein Maultier läuft unter ihm weiter. Joab, der Kriegsheld und Vertraute Davids, nimmt drei Speere und stößt sie Absalom ins Herz.

David klagt um Absalom: »Mein Sohn Absalom! Wollte Gott, ich wäre für dich gestorben!« (2. Samuel 19,1).

David geht wieder zurück nach Jerusalem und ist König über ganz Israel. Er verzeiht vielen, die gegen ihn gekämpft haben, aber es dauert nicht lange und er sieht sich mit einer neuen Revolte

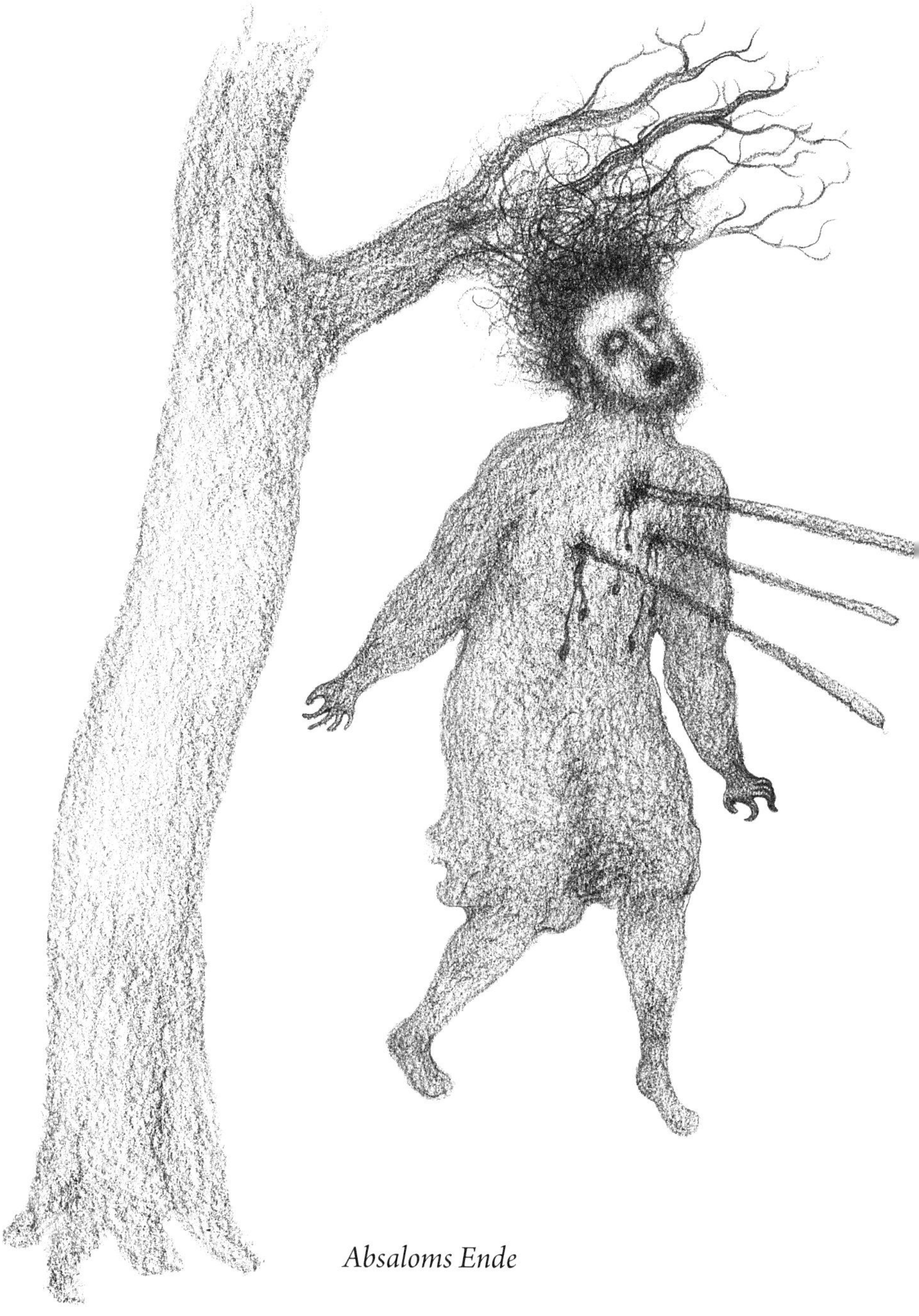

Absaloms Ende

konfrontiert. Einem Benjaminiter namens Seba gelingt es, viele Israeliten um sich zu scharen. Hinter David steht der Stamm Juda. Es zeichnet sich bereits eine tragische Teilung des Volkes ab, die tatsächlich zwei Generationen später stattfindet. David schickt seinen Feldherrn Amasa aus, um Krieger in Juda zu sammeln und Seba zu bekämpfen. Nachdem Amasa nichts dergleichen tut, werden Abisai und Joab geschickt und mit ihnen Hilfskrieger, Krether und Plether (davon kommt der Begriff »Krethi und Plethi«). Joab, Davids Mann für das Grobe, trifft Amasa, »Friede mit dir, mein Bruder«, zieht ihn am Bart zu sich, küsst ihn und schlitzt ihm den Bauch auf, »daß sein Eingeweide sich auf die Erde schüttete« (2. Samuel 20,10). Daraufhin versammelt sich das Volk aus allen Stämmen um Joab und man belagert die Stadt Beth-Maacha, wo Seba sich verschanzt hat. Das Problem wird gelöst, indem der Kopf Sebas über die Stadtmauer geworfen wird. Alle sind zufrieden, man bläst die Posaunen und jedermann geht nach Hause.

David hat bewiesen, dass er imstande ist, seine toten Feinde zu beweinen, aber Sauls Massaker an den Gibeonitern muss »um der Gerechtigkeit willen gerächt werden«, also findet man sieben Nachkommen Sauls und hängt sie auf. Zwei der Opfer sind Söhne Rizpas, der Tochter einer Nebenfrau Sauls. Rizpa bewacht Tag und Nacht die Toten, verjagt die Vögel und Raubtiere, bis David alle begraben lässt.

In einem weiteren Krieg gegen die Philister taucht ein Riese mit zwölf Fingern und zwölf Zehen auf. Es könnte sein, dass die Verfasser dieser Texte damit andeuten wollten, dass dieser Philister nicht das Ebenbild Gottes ist, denn wie wir ja wissen, ist man Gottes Ebenbild nur mit zehn Zehen und zehn Fingern.

Die Krieger Davids werden auch mit diesem Ungeheuer fertig und es folgt in der Bibel eine lange Liste von Davids Helden. Die Fähigkeit, möglichst viele Gegner umzubringen, steht hoch im Kurs. David veranstaltet eine Volkszählung und ist stolzer König über 800 000 Krieger aus Israel und 500 000 Krieger aus Juda. Gott mag es aber gar nicht, wenn Menschen Besitz, der ihnen gar nicht gehört, stolz zählen, schickt die Pest und es sterben 10 000, wahrscheinlich hauptsächlich Kinder und Frauen, die gar nicht mitgezählt wurden.

König Salomo

David wird alt und man findet eine sanfte Jungfrau namens Abisag als Pflegerin. Sie massiert ihm den Rücken, kocht für ihn, schläft bei ihm, damit ihm warm ist oder warm wird, aber sie bleibt Jungfrau. Wenn man auf diese Art und Weise als Pensionist gepflegt wird, interessiert einen die Politik nicht mehr besonders.

Während David zufrieden kuschelt, lässt sich sein Sohn Adonia, ein älterer Halbbruder Salomos, zum König ausrufen. Salomos Mutter, Bath-Seba, rennt zu ihrem Gatten, wirft sich auf den Boden und macht ein Theater, wie es nur jüdische Mames tun können, wenn es um den Herrn Sohn geht. Es kommt also, wie es kommen muss: Salomo wird König und verzeiht Adonia großzügig. David empfängt Gottes Segen, aber er darf den Tempel in Jerusalem nicht bauen, weil er »zu viel Blut an seinen Händen hat«. Er sammelt aber Zedernholz, lässt viele Nägel schmieden und Steine behauen. »Die Wohnung Gottes« zu bauen, ist Salomos Aufgabe. Salomo erhält auch noch einige Anweisungen, wer aller umzubringen ist, und zwar: Joab, der Davids Sohn Absalom und die Feldherren Abner und Amasa

Der Zwölffingermann

erschlagen hat, und Zimai, der Steine auf den fliehenden David warf. David stirbt und Salomo erledigt alles nach Wunsch und, weil er schon dabei ist, auch gleich seinen älteren Halbbruder Adonia. Gott erscheint Salomo im Traum mit den Worten: »Wünsch dir was.« Salomo erbittet »ein gehorsames Herz, das versteht, was gut und böse ist« (1. Könige 3,9). So etwas gefällt Gott sehr und er gibt Salomo Weisheit und als Draufgabe ein langes Leben in Reichtum.

Zwei Huren kommen zum König mit einem Säugling. Jede der beiden hatte ein Kind geboren, aber eines starb und nun streiten sie, wessen Kind das lebendige ist. Salomo der Weise spricht: »Bringt ein Schwert und teilt das Kind in zwei Teile und gebt jeder Mutter ein halbes Kind« (1. Könige 3,25). Die nicht echte Mutter ist sofort einverstanden und überlegt wahrscheinlich, welchen Teil sie wohl bekommen wird und dass es gerecht wäre, das Kind nicht quer, sondern der Länge nach zu teilen. Die echte Mutter schreit natürlich auf: »Gebt ihr das Kind, aber lasst es leben!« Salomo versteht sofort, wer die echte Mutter ist und gibt ihr das Kind. Hätte wohl auch ein weniger gottbegnadeter Weiser kapiert, aber es ist ein Jahrtausendbeispiel für eine einfühlsame Beurteilung menschlicher Reaktionen.

Salomo ist ein richtiger Sonnenkönig, reich, mächtig und weise. Er kann mit Tieren und Pflanzen sprechen und mit Menschen, die aus aller Welt kommen, um seiner Poesie und Klugheit zu lauschen. Er ist verheiratet mit einer Tochter des Pharaos und unterhält friedliche Beziehungen mit den Völkern der Umgebung, die ihm untertan sind.

Der Bau des Tempels und des Palastes in Jerusalem wird in der Bibel sehr ausführlich geschildert. Alles aus kunstvoll behauenem Stein, Zedernholz und viel Gold. Interessanterweise sind zahlreiche vergoldete Cherubim geschildert, die offensichtlich im Widerspruch zu den Gesetzen von Moses geschaffen wurden. Kreiert wird der Bau

Salomo der Weise

von Spezialisten aus Thyrus. Die Kinder Israels waren nie sehr groß in bildender Kunst, aber 30 000 israelitische Fronarbeiter werden ausgehoben. Sie müssen im Libanon Zedern fällen, Felsen schleppen, Steine behauen, und natürlich gibt es Antreiber, die alles unter Kontrolle haben. Ein Monat schuften für den König, dann zwei Monate die eigene Wirtschaft betreuen, dann wieder ein Monat für den König usw. Man kann sich gut vorstellen, dass die Hauptlast dieser Einteilung von den Frauen getragen werden musste. Das Ganze dauert 20 Jahre und es spielt sich genau so ab, wie es der Prophet Samuel prophezeit hat. Pracht und Luxus auf Kosten der Bevölkerung.

Salomo ist reich. Die von ihm beherrschten Völker liefern fleißig ab, und die Königin von Saba bringt Gold und Edelsteine zentnerweise. Sie kommt aus Neugierde, denn Salomo genießt den Ruf, der klügste und liebenswerteste Mann der Welt zu sein. Es bahnt sich eine große Liebe an. Liebe und das viele Gold haben wahrscheinlich zur Folge gehabt, dass Salomo darauf verzichtete, die sogenannte Seidenstraße durch Arabien mit einem Schiffsverkehr durch das Rote Meer zu ersetzen. Das Land Saba war entweder Äthiopien oder der Jemen. Auf alle Fälle war die Königin von Saba eine dunkelhäutige Schönheit, und die Seidenstraße war ein wichtiger Wirtschaftszweig.

Salomo war ein großer, wunderbarer Dichter. Von ihm stammt das berühmte Hohelied, eine Ode an die Liebe zwischen Mann und Frau, die nach drei Jahrtausenden nichts von ihrer Poesie eingebüßt hat. Salomo oder wer immer das Hohelied gedichtet hat, war ein Jahrtausendkünstler. Einige Beispiele aus dem Hohelied (1,15–2,15):

»Er küsse mich mit dem Kusse seines Mundes, denn deine Liebe ist lieblicher als Wein. (...) Sehet mich nicht an, daß ich so schwarz bin; denn die Sonne hat mich verbrannt. (...) Siehe, meine Freun-

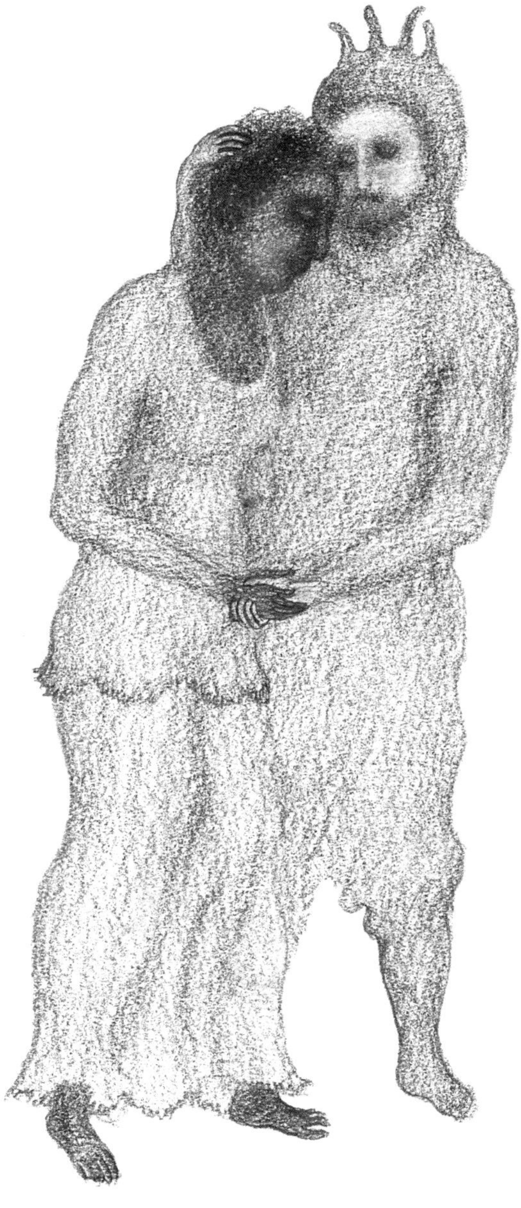

»Ich bin schwarz, aber gar lieblich, ihr Töchter Jerusalems.«

din, du bist schön! siehe, schön bist du! Deine Augen sind wie Taubenaugen zwischen deinen Zöpfen. (…) Deine zwei Brüste sind wie zwei junge Rehzwillinge, die unter den Rosen weiden. Bis der Tag kühl wird und die Schatten weichen, will ich zum Myrrhenberge gehen und zum Weihrauchhügel.« (Schwarz zu sein war scheinbar schon immer ein Problem).

»Wer ist, die hervorbricht wie die Morgenröte, schön wie der Mond, auserwählt wie die Sonne, schrecklich wie die Heerscharen? Ich bin hinab in den Nußgarten gegangen, zu schauen die Sträuchlein am Bach, zu schauen, ob der Weinstock sproßte, ob die Granatbäume blühten.« Viele diese Strophen werden in Israel als Lieder gesungen. Salomo hat ein ganzes Buch mit Weisheitssprüchen verfasst. Manche davon haben es tatsächlich bis nach Ottakring geschafft. Beispiele: »Hochmut kommt vor dem Fall«, »Reden ist Silber, Schweigen ist Gold«, »Perlen vor die Säue werfen«, »Ein Kluger kann sich aus einer Situation retten, in die ein Weiser gar nicht hineinkommt«.

Salomo hat hunderte Frauen in allen Farben aus allen Ländern. Alle sind notorische Götzenanbeterinnen und Salomo verrät seinen Glauben. Er baut goldene Kälber auf den Hügeln.

Simson war die Kraft in Person und scheiterte an Delila. David war die Treue zu den Zehn Geboten in Person und scheiterte an Bath-Seba. Salomo war die Weisheit in Person und scheitert an der dunklen Königin von Saba.

Vielleicht ist dies die Rache der Frauen für die jahrtausendelange Unterdrückung. Ein gemeinsames Weltbild und eine gemeinsame Religion sind ein ganz wesentliches Element des nationalen Zusammenhalts. Mit Salomos Verrat an der von Moses geschaffenen Ordnung zerfällt das Reich der Hebräer in zwei Teile: Israel und Juda. Salomo stirbt, sein Sohn Rehabeam wird König von Juda. In Israel

»Wer anderen eine Grube gräbt, fällt selbst hinein.«

herrscht Jerobeam, ein Mann vom Stamm Ephraim. Die beiden bekriegen sich so lange sie leben, es wird gekämpft und gestorben, alles für die privaten Probleme der beiden Herren Könige.

Die getrennten Reiche

Die Hebräer lebten als Nomaden und in der Zeit der Richter nach einer in Stämmen gegliederten demokratischen Ordnung, basierend auf den mosaischen Gesetzen. Die höher entwickelte, teilweise städtische Lebensweise der Völker in Kanaan mit Unterdrückung, Ausbeutung, Reichtum und ausschweifender Prostitution musste den Hebräern sündig und dekadent erscheinen.

Unter Rehabeam übernimmt das Volk zusammen mit den Götzen diese Kultur. Er regiert Juda siebzehn Jahre und stirbt. Sein Sohn Abia wird König. Es folgt eine lange Reihe von Königen in Juda und Israel, die einander bekriegen. Dabei kommt es oft zu gewaltigen Metzeleien, eine zum Beispiel auf dem Berg Zemaraim, wo Abia aus Juda 500 000 junge Männer von Israel abschlachtet.

König Asa streitet gegen ein mächtiges Heer aus Serah und tötet eine Million Mohren (2. Chronik 14,12). Warum immer wieder diese grandiosen Phantasiezahlen? Asa kauft sich Benhadad, den König von Syrien, mit Gold aus dem Tempel, damit Benhadad israelische Städte vernichtet (2. Chronik 16,2).

König Ahab will von Naboth einen Weinberg kaufen, was dieser ablehnt, da es sich um eine Erbschaft seines Vaters handelt. Daraufhin besticht Ahab falsche Zeugen, die Naboth der Gotteslästerung bezichtigen. Er wird gesteinigt und die Hunde lecken sein Blut auf. Ahab erbt den Weinberg.

Gam haragta wegam jaraschta: *Der tote Ahab*

Der Prophet Elia sagt zu ihm »und dein Blut werden die Hunde auch lecken«, was zuletzt tatsächlich geschieht. Du hast »Auch getötet, und auch geerbt« (1. Könige 21,19) wurde ein bekannter Ausspruch in Israel: *gam haragta wegam jaraschta.*

Jehu erwürgt die Kinder der Brüder Ahasjas (2. Chronik 22,8). Juda gewinnt immer mehr an Bedeutung. König Joas bessert den Tempel aus. Amazja schlägt Seir, bringt 10 000 um und fängt 10 000 lebendig, die er alle von einem Felsen in die Tiefe stürzt.

Usia baut Türme und gräbt Brunnen und erfindet Wurfgeschosse. »Und da er mächtig geworden war, überhob sich sein Herz« (2. Chronik 26,16).

In der Bibel ist moralisch und erfolgreich, wer zu Gott hält. Unmoralisch und erfolglos ist, wer Götzen anbetet. Warum und wie viele Menschen dabei umgebracht werden, spielt in diesem Zusammenhang keine Rolle. Ahas, König von Jerusalem, baut Götzen und opfert seine Söhne auf dem Scheiterhaufen. Er wird von Israel besiegt. 120 000 Krieger werden erschlagen, 200 000 Frauen und Kinder werden als Sklaven verschleppt. Dem Propheten Oded gelingt es, Israel zu überzeugen, die gefangenen Juden freizulassen. Hiskia aber organisiert ein Pessah-Fest für alle Hebräer. Es wird ein großer Erfolg und ein großes Erinnern an Moses und seine Gebote. Menasse ist wieder Götzendiener und dergleichen sein Sohn Amon und so geht es weiter.

Josua hat großzügig ein Land an die Stämme der Hebräer aufgeteilt, das von anderen Völkern bewohnt war. Der wilde Haufen der Nomaden konnte wohl Städte erobern und Massaker anrichten, aber unter der Herrschaft der Richter waren die Hebräer nicht imstande, die eroberten Länder dauerhaft zu beherrschen und zu organisieren. Die Folge ist ein endloses Ringen, jeder gegen jeden, mit allen schrecklichen Folgen für die Bevölkerung.

Den Königen gelingt es, die Kräfte der Stämme zu bündeln und mit wirklichen Siegen die Länder zu beiden Seiten des Jordan und bis zum Roten Meer zu beherrschen. Macht macht aber Sieger weder gut noch klug. Nach einer Periode des Erfolgs unter David und Salomo zerfällt das Reich der Hebräer in zwei Teile und damit zerfällt auch der Traum einer gerechten und moralischen Gesellschaft. Was übrig bleibt, ist die mosaische Religion, die sich als fruchtbar erweist, zwei weitere Religionen gebärt, die aber ebenfalls den Glauben an die problematische »absolute Wahrheit« in sich tragen.

Der Prophet Elia

Elia, im hebräischen Original Eliahu, ist der letzte der gerechten Propheten. Alle anderen wurden von Königin Isebel vernichtet. Elia versteckt sich am Bach Krith. Raben bringen ihm Futter, aber der Bach trocknet aus, denn das Land wird von einer katastrophalen Trockenperiode heimgesucht. Elia findet in Sidon eine Witwe, die ihm von ihrem letzten Rest an Mehl und Öl zu essen gibt, dann legt sie sich mit ihrem Kind hin, um zu sterben. Wunder oder nicht Wunder, Mehl und Öl werden nicht weniger, und ihr Kind, das bereits tot ist, wird von Elia wieder zum Leben erweckt. Die Trockenperiode dauert an, und Elia fordert 450 Propheten Baals zu einer Konfrontation heraus.

Man baut zwei Altäre mit Brandopfern. Die Götzenpriester verletzen sich mit Messern und tanzen mit Schaum vor den Mündern um ihren Altar. Sie brüllen wie am Spieß, springen herum um den Altar, aber er will nicht brennen. Elia schüttet drei Mal Wasser auf sein Opfer, »da fiel das Feuer des Herrn herab und fraß Brandopfer, Holz, Steine und Erde« (1. Könige 18,38). Elia hat gesiegt. Er schleppt die 450 Baal-Priester zum Bach Kison »und schlachtet sie da selbst« (1. Könige 18,40), steht in der Bibel.

Tanzender Baal-Priester

450 Menschen! Schon nach 45 durchgesäbelten Hälsen schmerzt Elia der Arm und er muss ihn ausschütteln. Abgehackte Köpfe kugeln herum und der Bach färbt sich rot. Geier kreisen am Himmel und Wasser sammelt sich in ihren Schnäbeln. Gibt es einen Gott, der das will?

Im Judentum wird Elia als der mögliche Messias verehrt. Zum Sederabend beim Pessachfest steht immer ein leerer Stuhl für ihn bereit, falls er kommt. Im Christentum gilt er als der dritte Mensch neben Jesus und Maria, der ins Paradies einging, ohne das Jüngste Gericht abzuwarten. Liest man die Bibel so, wie man die griechischen Heldensagen oder Grimms Märchen liest, so hat man keine Probleme damit, wenn jemand 450 Menschen am Bach Kison abschlachtet. Liest man als Gläubiger die Bibel als absolute und historische Wahrheit, so muss man mit der Vorstellung fertigwerden, wie Elia einem nach dem anderen den Kopf abhackt.

Daraufhin setzt sich Elia auf den Gipfel des Karmel (dort steht heute ein Kloster), legt seinen Kopf zwischen die Knie und beauftragt seinen Diener, über dem Mittelmeer nach Wolken Ausschau zu halten. Sechs Mal fragt er seinen Diener und die Antwort ist jedes Mal: »Es ist nichts da.« Bei der siebenten Frage sagt der Diener: »Ich sehe eine kleine Wolke so groß wie eine Männerhand.«

Kurz darauf ist der Himmel schwarz und es regnet in Strömen.

Elia wird von König Ahab und dessen gräulicher Ehefrau Isebel verfolgt. Er flüchtet in die Wüste, setzt sich unter einen Wacholder (im Original *rotem*, Stinkholz), um zu sterben, und erwartet Gott. Sturm kommt auf, der Felsen zerschmettert, aber kein Gott erscheint. Ein Erdbeben erschüttert die Berge, aber kein Gott erscheint. Feuer bricht aus, aber kein Gott erscheint im Feuer. »Ein stilles, sanftes

Elia am Karmel

Sausen« (1. Könige 19,12), im hebräischen Original »Eine Stimme leise und dünn«, und da ist Gott.

Elia verhüllt sein Gesicht und wird von Gott beauftragt, Hasael zum König von Syrien zu salben und Jehu zum König von Israel, damit sich die beiden gegenseitig ausrotten. »Und ich will lassen übrigbleiben siebentausend in Israel; alle Kniee, die sich nicht gebeugt haben vor Baal« (1. Könige 19,18). Zahlreiche Wunder retten Elia wiederholte Male das Leben. Zuletzt salbt er Elisa zu seinem Nachfolger und »fährt in einem feurigen Wagen mit feurigen Rossen in den Himmel« (2. Könige 2,11).

Der Prophet Elisa

Elisa (hebräisch Elischa) tut Wunder, und zwar immer dann, wenn es darum geht, Hunger zu stillen, einer Frau zu einer Schwangerschaft zu verhelfen, einen syrischen Feldhauptmann zu heilen oder eine verloren gegangene Holzhacke am Jordan schwimmen zu lassen. Auch teilt er den Jordan à la Moses mit dem halben Mantel von Elias.

Joram, ein König Israels, tut auch, was dem Herrn übel gefiel, und die Moabiter revoltieren gegen ihn. Er verbündet sich mit dem König Judas und dem König Edoms, und sie ziehen guten Mutes mit einem großen Heer durch die Wüste Edom, um Mesa, den Moabiterkönig, zu bekämpfen. Sie finden kein Wasser in der Wüste. Der gute Mut vergeht ihnen schnell und sie suchen Rat und Hilfe bei Elisa, der mit von der Partie ist. Elisa ordnet an, lange Gräben zu schaufeln und einen Spielmann zu engagieren. Die Krieger schaufeln und Elisa hält eine Standpredigt gegen die Götzenanbeterei der Edomiter und Israeler. Der Spielmann zupft fleißig die Saiten und in der Früh füllt ein gewaltiger Wasserschwall die ausgehobenen Gräben. Im Morgengrauen spiegelt sich die Sonne rot im Wasser. Die heranstampfenden Moabiter glauben, sie sehen das Blut der Hebräer, die sich gegenseitig bekämpfen. Sie stürmen jubelnd, ungeordnet und ungerüstet voran und werden von den Hebräern besiegt. Daraufhin zertrümmern die Hebräer die Städte der Moabiter, verstopfen ihre Brunnen und verwüsten ihre Äcker, wie es Elisa vorausgesagt hat.

Samaria, die Hauptstadt des Königreichs Israel, wird von den Syrern belagert und die Hungersnot ist groß. Zwei Nachbarinnen, die seit vielen Tagen nichts gegessen haben, müssen zusehen, wie ihre Säuglinge langsam verhungern, da ihre Mutterbrüste leer sind. In ihrer Verzweiflung einigen sich die beiden, ihre Babys zu schlachten und eines nach dem anderen aufzuessen. Gesagt, getan. Nachdem ein Kind gegessen ist, verschwindet aber das zweite, die Mutter hat es versteckt. In einer solchen Situation ist es schier unmöglich, nach Recht und Gerechtigkeit zu forschen.

Der König von Israel steht auf der Stadtmauer, da spricht ihn eine der Frauen an: »Jenes Weib sprach zu mir: ›Gib deinen Sohn her, dass wir heute essen. Morgen wollen wir meinen Sohn essen.‹ Mein Sohn wurde gekocht und gegessen, aber ihr Sohn wurde versteckt.« (2. Könige 6,28–29). Der Herr König hat als Lösung des Problems nur den Vorschlag parat, dem Propheten Elisa den Kopf abzuhacken. Dazu kommt es aber nicht, denn die Syrer hören im Traum eine große Armee anrollen, flüchten nächtens Hals über Kopf und lassen Berge von Lebensmitteln, Tiere, Kleider, Silber und Gold zurück.

Der König von Syrien hat einen Feldhauptmann namens Naeman, einen wichtigen, angesehenen Mann, aber er ist leider aussätzig. Eine junge Sklavin aus Israel erzählt von Elisa, dem Propheten, für den es angeblich eine Kleinigkeit ist, solche Krankheiten wegzubeten. Also auf nach Samaria, zum König von Israel, mit zehn Zentnern Silber, 6000 Goldgulden und zehn Festkleidern. Dieser kann natürlich nicht zaubern und heilen. Er schickt Naeman mit seinen Geschenken zu Elisa. Dieser hat die Frechheit, den Syrer gar nicht zu empfangen, und lässt ihm nur ausrichten, er möge sich doch sieben Mal im Jordan waschen. Naeman hat sich beeindruckende Zeremonien erwartet, ist sehr enttäuscht und will mit den Worten »Waschen kann ich mich auch zu Hause in Damaskus« mit seinen Geschenken wieder abziehen. Seine Leute aber überreden ihn, und ich vermute, damals wurde der Spruch »Hilft's nicht, so schad's nicht« geboren. Nach sieben Waschungen ist der Aussatz verschwunden und Naeman steht da wie neu. Er eilt mit seinen Gaben überglücklich zu Elisa, der aber die Gaben nicht annimmt, da es ja Gott war, der die Krankheit besiegt hat. Solches beeindruckt den Syrer in hohem Maße. Er packt seine Geschenke zusammen, bekehrt sich zum Judentum und macht sich auf den Heimweg.

Elisa hat einen Diener namens Gehasi. Dieser konnte nicht zuschauen, wie das schöne Gold und Silber wieder in Richtung Damaskus verschwindet. Er eilt Naeman nach und bekommt tatsächlich zwei Zentner Silber und zwei Feiertagskleider. Naemans Aussatz aber, der sich ja nicht in Luft aufgelöst hat, bedeckt jetzt das sündige Haupt Gehasis.

Der König von Assyrien belagert Samaria drei Jahre lang, erobert es, nimmt den letzten König Israels, Hosea, gefangen und verschleppt das Volk Israel nach Assyrien. Dieser Zweig der Hebräer nimmt Religion und Lebensart der Assyrer an und löst sich als eigenständiges Volk auf. Juda existiert weiter als Volk bis auf den heutigen Tag.

Die Assyrer belagern und bedrohen Jerusalem, aber Hiskia, der König von Juda, ergibt sich nicht und die Assyrer werden vom Pro-

Gehasi

pheten Jesaja verflucht. Daraufhin sterben 165000 Assyrer über Nacht. Der Rest der Armee flüchtet.

Hiskia ist als Gerechter geschildert, er stirbt in Frieden und sein Sohn Manasse, im Original Menasche, wird König von Juda. Er tut »nach den Greueln der Heiden« (2. Könige 20,21), baut Baal Altäre, lässt seine Kinder durch das Feuer laufen und vergießt viel unschuldiges Blut. Desgleichen sein Sohn Amon, dessen Sohn Josia hingegen festigt den Tempel, seine Bauleute finden das Gesetzbuch und die Prophetin Hulda lehrt das Volk die Thora. Alle Götzen werden verbrannt, der Bund mit Gott wird erneuert.

Josias Sohn Joahas ist übel, desgleichen dessen Nachfolger Jojakim und Jojachin. In Juda setzt sich »gut oder bös« unter den Königen fort, ständig in Zusammenhang mit kriegerischen Siegen oder Niederlagen. Man wundert sich, warum die Hebräer immer wieder die Religionen und Sitten ihrer Nachbarvölker annehmen, obwohl sie, wie die Bibel berichtet, immer dann besiegt und versklavt werden, wenn sie ihrem Gott untreu sind. Die Menschen sehen in den Siegen ihrer Feinde eben auch göttliche Macht und fragen sich wohl, welcher Gott der stärkere ist. Dazu kommt die Verlockung, sich von den rigiden moralischen Fesseln der mosaischen Gesetze zu befreien.

Der König von Babel, Nebukadnezar, belagert Jerusalem. Jojachin, der König Judas, ergibt sich, wird gefangen und mit seiner Familie und zehntausend Menschen sowie massenhaft Gold nach Babel verschleppt. Der siegreiche König von Babel macht den Juden Zedekia zum Verwalter von Jerusalem. Dieser revoltiert, die Stadt wird von den Babyloniern belagert, ausgehungert und erobert. Zedekia werden die Augen ausgestochen, seine Kinder abgeschlachtet und er mit allen Bürgern nach Babel verschleppt. Alle Wertgegenstände werden mitgenommen, die Gebäude der Stadt werden verbrannt. Zurück bleiben nur die Ackerleute und die Bettler.

Politik und Kriege spielten sich schon damals hauptsächlich zwischen den Zentren und Städten ab. Zum Belagern und Erobern braucht man ja vor allem Wasser für die Armee, und das ist in der Wüste und in den unwegsamen Hügeln von Galilea nicht in genügender Menge zu finden. Es ist daher anzunehmen, dass die Bauern und Nomaden in dieser Gegend nationale politische Katastrophen oft überlebten. Auch die Vertreibung der Juden durch die Römer war sicher nicht eine totale, und viele Palästinenser haben gewiss jüdische Vorfahren. Manche ihrer Dörfer haben bis heute hebräische Namen.

Der Prophet Esra

Siebzig Jahre leben die Juden in Babel, da hat Kores, der König von Persien, die bemerkenswerte Idee, die Juden nach Hause zu schicken, um Jerusalem wiederaufzubauen. In der Bibel »erweckt der Herr den Geist des Kores« (Esra 1,1). Es ist aber gut möglich, dass die Juden dem König eine entsprechende Gehirnwäsche verpasst haben, und außerdem liegt Jerusalem im Herrschaftsbereich von König Kores und gewinnt aufgebaut und belebt natürlich an Wert.

Kores belädt die Heimkehrer nach Jerusalem mit Tonnen von allem, was gut und teuer ist. Die Bibel zählt seitenweise Gold, Silber, Kleider und Tiere auf, weiters die Namen aller Heimkehrer, 240 360 plus 7337 Schafe und 200 Sänger und Sängerinnen. Im zweiten Jahr nach der Ankunft in der Heimat beginnt man den Tempel wiederaufzubauen. Bauleute und Künstler sind angereist, der Grundstein

Stammbaum

wird gelegt mit Musik, Gesang und Freudentränen. Der Tempel wird vollendet und geweiht. In weiterer Folge wird von Arthahsastha, dem Perserkönig, der Jude Esra mit vielen Menschen und Wertgegenständen nach Jerusalem gesandt, mit dem Auftrag, den Tempel nach allen Regeln zu organisieren.

Viele Hebräer sind aber inzwischen mit den Töchtern der Kanaaniter liiert und haben den »heiligen Samen gemein gemacht« (Esra 9,2), was für Esra eine Katastrophe bedeutet. Alle Männer in Mischehen müssen ihre Frauen verstoßen. Der Vorgang, der nach heutigen Begriffen puren Rassismus darstellt, steht auch insofern in Widerspruch zu den mosaischen Vorstellungen, da ja Davids Urgroßvater ebenfalls in einer Mischehe lebte und aus dieser Familie die glorreichste Figur der Bibel hervorging.

Rassismus steht im krassen Widerspruch zu den mosaischen Gesetzen. Jude ist, wer von einer jüdischen Mutter geboren wurde oder in das Judentum durch Studium und Beschneidung eingegangen ist. Wenn also jüdische Töchter von Generation zu Generation Nichtjuden ehelichen, so bleiben doch alle Nachkommen Juden, solange Töchter geboren werden. Der gute Esra hat seinen Talmud schlecht gelernt, wenn er vom »heiligen Blut« faselt.

Der Prophet Nehemia

Der König Arthahsastha und seine Frau werden von Nehemia, dem Propheten, so lange bearbeitet, bis sie ihn mit Passierschein und Gutschriften für Baumaterial nach Jerusalem schicken, um am Bau des Tempels mitzuwirken. Nehemia arbeitet mit Geschick und Energie, und die Nachbarvölker sehen mit großem Missfallen die

Stadtmauern in die Höhe wachsen. Es entsteht eine Art Wettlauf zwischen den Juden, die Tag und Nacht bauen, und den Amoritern und Arabern, die einen Angriff organisieren.

In diesem Abschnitt der Bibel kommen die Araber, die Söhne Ismaels, zum ersten Mal vor. Die Juden gewinnen den Wettlauf, die Tore werden verschlossen und Türhüter, Sänger und Priester vom Stamm Levi (Leviten) bestellt. Die Stadtmauern werden geweiht, Tempelabgaben werden eingehoben, das Buch Mose wird wieder gelehrt.

Esther

Perserkönig Ahasveros, der über 127 Länder herrscht, veranstaltet ein grandioses Fest, lädt alle Fürsten ein und macht sich wichtig mit seinem enormen Reichtum. Als Höhepunkt der Veranstaltung will er seine schöne Gattin, Königin Vasthi, vorstellen. Sie will sich aber nicht wie ein edles Pferd vorführen lassen und kommt nicht. Das ist gelinde gesagt eine Chuzpe, und wo kommen wir denn da hin, wenn dieses Beispiel Schule macht und die Weiber frech werden. Vasthi wird verstoßen und eine neue Königin gesucht. Reich braucht sie nicht zu sein, reich ist der König. Klug braucht sie nicht zu sein, klug ist der König. Schön muss sie sein, denn das ist der König nicht.

Jungfrau Esther, die Nichte des Juden Mardochai, ist die Auserwählte.

Sie ist schön und sie ist auch sehr, sehr klug, und das hat gewisse Folgen. Nachdem sie sechs Monate mit Balsam und Myrte und sechs Monate mit guter Spezerei gepflegt worden ist, kommt sie

Die schöne Esther

zum König »und der König gewann Esther lieb über aller Weiber« (Esther 2,17). Wer weiß, hätte es Jungfrau Esther mit Hitler getrieben, vielleicht wäre die Historie des 20. Jahrhunderts anders verlaufen.

Mardochai, ihr Onkel, belauscht durch Zufall zwei Kämmerer, die Pläne schmieden, um den König umzubringen. Er teilt es Esther mit und diese erzählt es dem König. Die beiden Kämmerer enden am Galgen und Esther hat beim König einen Stein im Brett, zusätzlich zu den offensichtlich sehr erfolgreichen ehelichen Beziehungen.

Ein ganz Großer am Hof des Ahasveros ist Haman. Vor ihm müssen alle die Knie beugen, Befehl des Königs. Juden dürfen nach ihrer Religion nur vor Gott knien und Mardochai kniet nicht vor Haman. Dieser entdeckt, dass Mardochai Jude ist, und er fragt den König auf hinterfotzige Weise: »Was soll mit einem Juden geschehen, der nicht vor mir die Knie beugen will?« Die Antwort seiner Majestät ist: »Er und alle Juden werden enteignet und umgebracht.« Worte die uns bekannt vorkommen. Der Tag, an dem der Völkermord stattfinden soll, wird durch das Los (Pur) bestimmt. Dementsprechend wird das Ereignis Purim genannt.

Die königliche Anweisung wird durch Boten in alle 127 Länder gebracht. Esther erfährt durch Mardochai, was auf sie und ihr Volk zukommt. Sie riskiert ihr Leben und geht ungeladen zum König, was verboten ist. Der bis über beide Ohren in sie verliebte König verzeiht ihr natürlich und bietet ihr sein halbes Königreich an. Esther bittet aber nur um ein gemeinsames Mahl mit Haman. Dieser hat keine Ahnung, was auf ihn zukommt, und ist sehr stolz ob dieser exklusiven Einladung. Inzwischen lässt er in seiner Begeisterung einen Galgen für Mardochai errichten. Esther hat ein erlesenes Mahl gerichtet, mit einem vorzüglichen Wein, und der König, der sich an Mardochais Warnung erinnert, fragt in bester Stimmung: »Was soll mit einem Mann geschehen, der für den König sehr wichtiges Gutes getan hat?« Haman meint natürlich, dass er gemeint ist, und beginnt aufzuzählen: »Mit goldenen Kleidern und Krone am Kopf soll man diesen Mann voll Ruhm und Ehre durch die Stadt führen.« Also beauftragt der König Haman, Mardochai, seinen Retter, in dieser Form durch die Stadt zu führen. Man kann sich gut vorstellen, dass Haman damit wenig Freude hat. Esther sitzt mit dem König beim Wein und fragt: »Was soll mit jemandem geschehen, der mich und mein ganzes Volk vertilgen will?« Die Antwort des verliebten Königs: »Dieser und alle, die solches wollen, werden umgebracht.« So einfach regiert es sich ohne Parlament.

Haman wird an dem von ihm aufgebauten Galgen gehängt und in allen 127 Ländern dürfen die Juden ihre Widersacher umbringen, was auch prompt geschieht. Im Schloss Susan erwürgen die Juden 500 Menschen und natürlich auch die zehn Söhne Hamans. Eigentum wird nicht angerührt – man ist ja schließlich kein Dieb.

Es ist dies eine jener Geschichten, die uns Juden den Ruf eingebracht haben, ein rachsüchtiges Volk zu sein. Allerdings kann man das ja wohl nur sein, wenn dauernd etwas zum Rächen vorhanden ist. Purim ist ein volksfestartiger Feiertag, aber es kommt schon manchmal vor, dass jemand sehr nachdenklich beobachtet, wie im Kindergarten eine Haman-Puppe unter dem Jubel der Kleinen aufgehängt wird.

Hiob

Im Buch Hiob (hebräisch Hiov) erscheint in der Bibel zum ersten Mal ein wirklich allmächtiger Gott, ein alles verursachender Urknall, der keine göttlichen Konkurrenten kennt.

Im Land Uz wohnt ein Mann namens Hiob. Er ist das Idealbild eines Menschen, reich an allem. Hat sieben Söhne, drei Töchter und tut nur Gutes und Gerechtes. Zwischen Gott und dem Satan findet ein Gespräch über Hiob statt. Der Satan meint, dieser Mann kann leicht gut sein, weil es ihm ja selber so gut geht, und Gott gestattet dem Satan, Hiob zu peinigen. Seine Tiere werden geraubt, seine Knechte erschlagen, sein Haus stürzt ein und begräbt alle Söhne und Töchter. Hiob zerreißt sein Kleid, wirft sich zu Boden und sagt: »Der Herr hat's gegeben, der Herr hat's genommen; der Name des Herrn sei gelobt« (Hiob 1,21). Steht in der Bibel.

Der Dialog zwischen Gott und dem Satan geht weiter (nicht unähnlich wie in Goethes *Faust*). »Der Mensch kann alles verlieren, aber geht es an seine eigene Haut, wird er an Gott verzweifeln«, meint der Satan und Gott gestattet ihm, Hiob an seinem Leib zu quälen. Hiob liegt danieder mit juckenden Wunden am ganzen Leib und seine Gattin meint »Vergiss Gott und stirb«.

Es folgen lange Gespräche mit drei Freunden, die – abgesehen vom Inhalt – von einer einmaligen sprachlichen Gewalt und Bildhaftigkeit sind. Es geht um die Kardinalfrage, ob Gott gut und gerecht sein muss, weil der Mensch das so hofft und will. Zuletzt antwortet Gott: »Wo warest du, da ich die Erde gründete?« (Hiob 38,4). Und Gott schildert die Größe und Unergründlichkeit seiner Schöpfung und die Beschränktheit des menschlichen Verstandes, zu verstehen. Manche der von Gott angeführten Beispiele

Hiob

verstehen wir heute sehr wohl, aber beschränkt bleiben wir auf jeden Fall.

Hiob wird zuletzt von Gott gesegnet, von Freunden reich beschenkt und es werden ihm sieben Söhne und drei Töchter geboren, die die »schönsten Weiber aller Länder sind«. Er besitzt auch bald wieder 14 000 Schafe, 6000 Kamele, 1000 Rinder und Eselinnen. Gott sei Dank.

Der Prophet Daniel

Für König Nebukadnezar werden vier besonders intelligente Knaben aus der Menge der hebräischen Gefangenen ausgewählt, um sie zu persönlichen Dienern des Königs großzuziehen: Daniel, Hananja, Misael und Asarja. Man verpflegt sie bestens, aber das Essen ist nicht koscher und Daniel überzeugt den Kämmerer, dass man mit pflanzlicher Kost gesünder und schneller wachsen kann als die Fleisch essenden Perserknaben.

Seine Majestät, der Kaiser, hat einen Traum, vergisst ihn aber und verlangt von seinen Zauberern, den vergessenen Traum zu deuten, was diese natürlich nicht können. Da heißt es also Kopf ab, aber Daniel deutet den Traum. Er schildert eine komplizierte Geschichte von einem goldenen Kopf und Armen aus Silber, Bauch aus Erz, Schenkeln aus Eisen, Füße teils aus Eisen, teils aus Ton. Der goldene Kopf ist natürlich der Herr König mit seinem Reich. Die unteren Körperteile sind die kommenden Reiche, die aber zuletzt zerfallen (»tönerne Beine«).

In der Bibel ist das alles sehr lang und detailreich geschildert. Es ist kaum vorstellbar, dass dieser Herr König eine derart kreative

Fantasie hatte. Viel wahrscheinlicher ist es, dass Daniel alles frei erfunden hat. Auf alle Fälle ist Nebukadnezar sehr zufrieden und macht Daniel zu einem großen und einflussreichen Fürsten.

Die Bibel schildert immer wieder, wie einflussreiche Fürsten und Könige den Glauben an den Gott der Hebräer annehmen, aber weiter ihre Götzen anbeten. Das menschliche Schwanken zwischen Monotheismus und Vielgötterei muss wohl ansteckend gewesen sein.

Nebukadnezar lässt einen goldenen Götzen bauen, 25 Meter hoch, 2,50 Meter breit, man will ja nach allen Richtungen abgesichert sein. Es wird eine großartige Vernissage veranstaltet mit viel Trara und Musik, und es wird auch lautstark verkündet, dass jeder Mann vor diesem Bild knien muss.

Mesach, Abed-Nego und Sadrach, wie die ausgewählten Knaben jetzt heißen, knien aber vor dem Götzen nicht, also ab in den Feuerofen. Der König lässt den Ofen sieben Mal heißer anheizen als gewöhnlich, und die Henkersknechte kommen dem Ofen zu nahe und verbrennen. Die drei Knaben stehen mitten in der Glut und man sieht eine vierte Gestalt bei ihnen stehen (Daniel 3,25) und sie bleiben unverletzt. Diese Szene ist geschildert in einem unübertrefflichen Gospel-Lied, gesungen vom Golden Gate Quartett. Ich habe in Haiti mit eigenen Augen gesehen, wie junge Mädchen auf glühenden Kohlen tanzen und unverletzt bleiben. Was die menschlichen Fähigkeiten und Möglichkeiten betrifft, bin ich bereit, an jedwedes Wunder zu glauben.

Nebukadnezar träumt von einem riesigen Baum, der von einem Engel zerstückelt wird, aber der Strunk bleibt bestehen. Daniel erklärt auch diesen Traum: »Du wirst für sieben Jahre deinen Verstand verlieren und man wird dich ausstoßen und wie ein Tier

Im Feuerofen

Daniel in der Löwengrube

behandeln. Nach sieben Jahren wirst du wieder mit klaren Sinnen in Ehren deinen Platz einnehmen«. Genau so geschieht es und Nebukadnezar begreift, dass auch Könige hilflose, verletzliche Wesen sind.

Nächster König wird Belsazar, der ein lustiges Leben führt und fleißig Wein trinkt aus den goldenen Bechern, die sein Vater in Jerusalem geraubt hatte. Da erscheint eine Schrift an der Wand, die natürlich nur von Daniel entziffert werden kann: »*Mene, Mene, Tekel, U-pharsin*« (Daniel 5,25) – Gott hat dein Reich gezählt und dich für zu leicht befunden. Dies bedeutet, das Reich wird zerteilt und den Medern und Persern gegeben. Daniel wird mit Gold und Purpurkleidern beschenkt, obwohl die Prophezeiung ja nicht sehr angenehm ist und sich noch dazu als richtig erweist.

Die Meder erobern das Reich und teilen es in Bezirke auf, die von Landvögten beherrscht werden. Daniel wird ein solcher und ist sehr erfolgreich. Bezirke, erfolgreiche Landvögte, das erinnert uns wohl an eine bestimmte Republik. Sehr erfolgreich sein ist immer auch gefährlich. Daniel, der regelmäßig zu seinem Gott betet, wird von seinen Neidern beim König verklagt. König Darius ist Daniel wohlgesonnen, aber gebetet wird nur zum König und Gesetz ist Gesetz.

Daniel wird in die Löwengrube geworfen. Die Löwen umkreisen den Menschen, dessen Geruch ihnen sehr unangenehm ist. Auch vertragen sie es schlecht, wenn ein Mensch ihnen in die Augen schaut.

Sie knurren sich eine Zeit lang gegenseitig Mut zu, aber gegen Mitternacht wird ihnen diese Angelegenheit zu langweilig und satt sind sie ohnehin. Sie legen sich schlafen. Am Morgen wird Daniel heil und gesund zum König gebracht, der heilfroh ist, seinen tüchtigen Landvogt nicht verloren zu haben. Er erlässt einen Befehl an alle seine Untertanen, den Gott der Hebräer als den ewigen und allmächtigen anzuerkennen. Daniels Neider werden nun zu den Löwen in den Graben geworfen, samt ihren Weibern und Kindern (Daniel 6,25). Diesmal allerdings sind die Löwen hungrig.

Daniel träumt von vier Ungeheuern und einem weißhaarigen Richter mit einem Menschensohn, der Gewalt über alles hat. Gemeint sind Reiche, über die Gericht gehalten wird. Dieser Traum ist wunderbar bildhaft und sehr gut zu interpretieren. Es sind Mischwesen mit Flügeln, Köpfen, Hörnern, mit Augen und jeder Surrealist oder Science-Fiction-Erfinder könnte von dieser wunderbaren Fantasie viel lernen.

Der Prophet Jesaja

Mit zahlreichen Vergleichen voll Poesie und Sprachgewalt beklagt Jesaja (hebräisch Jeschajahu) den Untergang Israels und Judas. Er prophezeit auch die Bestrafung der Assyrer, Philister und die Zerstörung Babels durch die Medäer. Für Juda verspricht er Bekehrung, Licht am Ende der Finsternis und zuletzt ein messianisches Reich des Friedens. »Die Wölfe werden bei den Lämmern wohnen und die Parder bei den Böcken liegen« (Jesaja 11,6), im hebräischen Original »Der Wolf wohnt mit dem Schaf und der Leopard ruht mit dem Zicklein«.

Diese ist wohl eine gewaltige Verkündigung. Sie verkündet nicht weniger als das Ende einer Welt, in der Leben nur existieren kann, indem es Leben vernichtet. Gemeint muss sein ein Kosmos mit anderen Gesetzen der Physik und Chemie. Ein neuer Urknall, ein neuer Anfang. Es bedeutet aber auch, dass es Frieden nicht geben

Der Wolf mit dem Lamm

kann, solange Wölfe Schafe fressen müssen, um zu existieren. In den Worten Jesajas gilt der Segen Gottes für alle Menschen, beschnitten oder unbeschnitten. »Wohlan, alle, die ihr durstig seid, kommet her zum Wasser!« (Jesaja 55,1) steht in der Bibel. Es ist die Öffnung einer Volksreligion zu einer Weltreligion. Diese Weissagung kann jede Generation glauben lassen, am Ende der Geschichte zu stehen. Daniel sieht auch vielerlei Gesichter und erfährt die Weissagung über ein jüngstes Gericht (Daniel 2).

Der Prophet Hosea

Gott beauftragt Hosea (hebräisch Hoschejahu): »Zeuge einen Sohn mit einer Hure, nenne ihn Jesreel, denn ich werde das Volk Israel verstoßen. Zeuge eine Tochter, nenne sie *Lo ruhama* (kein Erbarmen), denn ich erbarme mich nicht. Zeuge noch einen Sohn, nenne ihn *Lo ami* (nicht mein Volk), denn ihr seid nicht mehr mein Volk.« Hosea zeugt und benennt auf Teufel komm raus. Hosea beklagt den Untergang Israels und vergleicht die Untreue des Volkes zu Gott mit der Untreue einer Hure, die für Geschenke ihren angetrauten Mann verlässt. Er beklagt die allgemeine moralische Verwahrlosung, das Rauben, Stehlen, Betrügen, Alkoholismus und Bosheiten aller Art (es gibt nichts Neues unter der Sonne). Künftiges Heil bei Bekehrung wird versprochen: »Ich will Israel wie ein Tau sein, daß er soll blühen wie eine Rose.« (Hosea 14,6).

Der Prophet Joel

Joel verkündet Juda die nahende Katastrophe, »denn es zieht herauf in mein Land ein mächtiges Volk ohne Zahl; das hat Zähne wie Löwen und Backenzähne wie Löwinnen« (Joel 1,6). Für Juda gibt es Hoffnung trotz der Backenzähne. »Zerreißet eure Herzen und nicht eure Kleider, und bekehret euch zu dem Herrn, eurem Gott! denn er ist gnädig, barmherzig, geduldig und von großer Güte, und ihn reut bald der Strafe« (Joel 2,13). Unheil und Rache verkündet Joel auch den Völkern Thyros, Sidon und den Philistern.

Der Prophet Jeremia

Jeremia (hebräisch Jeremiahu) beweint und beklagt die Sündhaftigkeit Judas und vergleicht Jerusalem mit einem misslungenen Tongefäß. Er prophezeit den baldigen Untergang der Stadt und die Verschleppung der Bürger nach Babel. Er verflucht das korrupte Königshaus, das den Thron Davids beschmutzt. Jeremia wird in den »Stock« gesteckt. Wieder frei, hängt er sich ein Joch um den Hals und fordert die Juden auf, sich ins babylonische Joch zu beugen, um zu überleben, denn nach 70 Jahren wird Juda Jerusalem wiederaufbauen. Der Künstler als Kunstwerk – der erste Aktionist.

Jeremias Tod wird gefordert, aber der Prophet Micha rettet ihn. Später diktiert er alle seine Reden und Prophezeiungen seinem Schreiber Baruch. Diese Schrift wird dem König gebracht, der sie verbrennt. Jeremia prophezeit weiter von dem bevorstehenden Untergang und macht sich damit viele Feinde. Er wird in eine Zis-

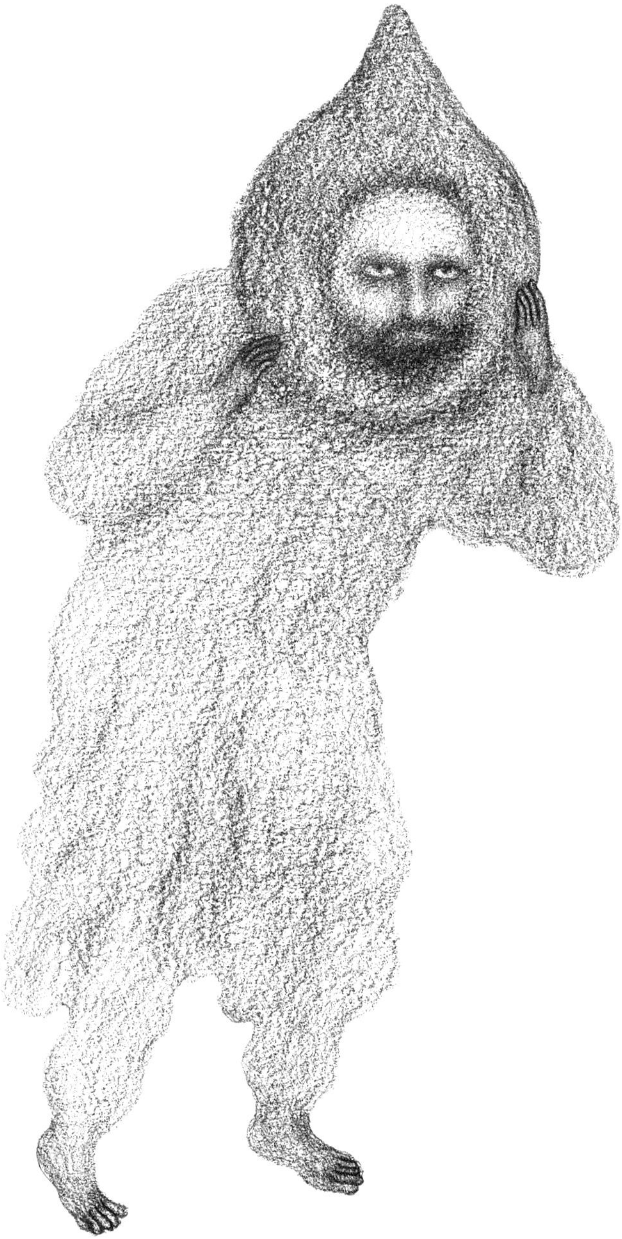

Der Prophet Jeremia im Joch

terne geworfen. Die Schrift ins Feuer, den Dichter in die Zisterne, auch das kommt uns bekannt vor.

Am Boden des Lochs versinkt Jeremia bis zum Hals im Schlamm und wartet auf den Hungertod. Ebed-Melech, ein Schwarzer, rettet ihn und König Zedekar lässt ihn nach einem langen Gespräch über die Zukunft Judas im Vorhof des Gefängnisses leben. Nach der Eroberung Jerusalems durch Nebukadnezar bleibt Jeremia mit dem Rest der Juden, die nicht nach Babel verschleppt wurden, im Land. Jeremia beweint und beklagt mit bildhaften Vergleichen und Symbolen die Katastrophe der untergegangenen Reiche Juda und Israel. Er schildert eindringlich das Elend der Belagerung, die Schande der in Ketten weggeführten Juden. Jeremia verkündet Gottes Verfluchung der Ägypter, Philister, Moabs, Ammons, Edoms, Damaskus' und Elams.

Der Prophet Amos

Amos ist Hirte zur Zeit Usias und hat prophetische Erscheinungen. Er verkündet die Bestrafung von Damaskus, Gaza, Asdod, Tyrus, Edom, Ammon und Moab. Für jede dieser Städte werden drei bis vier Verbrechen angeführt, um derentwillen sie vernichtet werden. Auch Juda und Israel steht für drei bis vier Missetaten ein Strafgericht bevor, »daß sie hin und her von einem Meer zum andern, von Mitternacht gegen Morgen umlaufen und des Herrn Wort suchen, und doch nicht finden werden« (Amos 8,12).

Der Prophet Obadja

Er weissagt Edom, der ja mit Israel verwandt ist, Bestrafung für seinen Verrat, denn Edom hat die Verschleppung Judas ausgenützt. »Du sollst nicht mehr so deine Lust sehen an deinem Bruder zur Zeit seines Elends« (Obadja 1,12).

Der Prophet Jona

Gott beauftragt Jona: »Geh nach Ninive, predige dort, denn dort feiert die Bosheit Urständ.« Was tut Jona? Der Berufsprophet rennt nach Japho und schifft sich ein, um nach Tharsis zu flüchten. So etwas kann man mit Gott natürlich nicht machen. Das Meer tobt, das Schiff gerät in Seenot und die Matrosen finden bald heraus, dass Jona das Problem ist. Man wirft ihn ins Meer und sogleich herrscht Windstille. Das Schiff zieht ruhig seine Bahn.

Was geschieht inzwischen mit Jona? Du wirst es vielleicht nicht glauben, aber »der Herr verschaffte einen großen Fisch, Jona zu verschlingen. Und Jona war im Leibe des Fisches drei Tage und drei Nächte« (Jona 2,1). Das steht in der Bibel. Diese Geschichte kann nur mit dem alten jiddischen Spruch »Wenn Gott will, schießt a Besen« erklärt werden.

Es gibt in der Bibel zahlreiche Erzählungen, die den Eindruck erwecken, die Verfasser wollten die Leser gar nicht glauben machen, dass eine Wahrheit verkündet wird. Für den religiösen Leser ergibt sich daraus die problematische Aufgabe, zu entscheiden, woran er glauben darf und muss und wo es sich um Märchen handelt. Zuletzt wird Jona von dem Fisch aufs Land gespuckt und er wandert nach

Jona im Fisch

Ninive, wo er prophezeit, dass die Stadt in vierzig Tagen mit Mensch und Vieh untergehen wird. Ninive bereut, man fastet und hüllt sich in Säcke, auch das Vieh und siehe da, Gott verzeiht. Jetzt stimmt aber Jonas Prophezeiung nicht mehr und er setzt sich schmollend als Eremit in die Einsamkeit.

Der Prophet Micha

Micha prophezeit die Zerstörung der Städte Judas und Verschleppung des Volkes. Er beklagt die Unmoral besonders der Oberschicht in der Bevölkerung und der falschen Propheten. Für die letzten Tage aber verspricht Gott die Befriedung der Welt, »denn aus Zion wird das Gesetz ausgehen und des Herrn Wort aus Jerusalem« (Micha 4,2), im hebräischen ein wichtiger Liedtext *Ki mi Zion teze tora*.

Weiters bei Micha: »Es wird kein Volk wider das andere ein Schwert aufheben und werden nicht mehr kriegen lernen« (Micha 4,3). Dieser Text sagt aus, dass Kriegführen gelehrt werden muss, also sind wir nicht von Geburt an dazu geboren – ein wunderbares Lied, gesungen von Mahalia Jackson.

Der Prophet Nahum

Auch Nahum weissagt die Zerstörung Ninives. Er beklagt die Korruption der Oberschicht: »Deiner Herren sind so viel wie Heuschrecken und deiner Hauptleute wie Käfer, die sich an die Zäune lagern« (Nahum 3,17). Man denkt sofort an unseren aufgeblähten Staatsapparat, wie er sich »käferartig am Zaun lagert«. Nahum vergleicht Ninive mit einer Hure, an deren Kittel Kot klebt.

Der Prophet Habakuk

Habakuk prophezeit ein Gericht über alle Tyrannen, die das Recht beugen, stehlen und rauben. Er spricht auch von einer Blutschuld, begangen an den Heiden: »Denn du hast viele Heiden beraubt; so werden dich wieder berauben alle übrigen von den Völkern um des Menschenbluts willen und um des Frevels willen, im Lande und in der Stadt und an allen, die darin wohnen, begangen« (Habakuk 2,8), steht in der Bibel. Er stellt das Recht der Hebräer, das Land mit Gewalt zu erobern, infrage – das ist wohl das erste nationale Eingeständnis einer Schuld.

Der Prophet Zephanja

Zephanja verkündet den Heidenvölkern Gottes Strafgericht und ruft zur Buße auf. Er berichtet von Gottes Drohung gegen Jerusalem, der »greulichen, unflätigen, tyrannischen Stadt« (Zephanja 3,1). Hoffnung liegt nur bei dem »armen, geringen Volk«, das im Land geblieben ist, das kein Böses tut noch Falsches redet. Karl Marx vor 2500 Jahren. Alle Achtung!

Der Prophet Haggai

Strafpredigt für die Nachlässigkeit beim Tempelbau. Serubabel und Josua werden von Haggai bekehrt und der Tempelbau geht voran. Weissagung über die künftige Herrlichkeit des Tempels in messianischer Zeit: »Es soll die Herrlichkeit dieses letzten Hauses größer werden, denn des ersten gewesen ist« (Haggai 2,9).

Der Prophet Sacharja

Sacharja verkündet in zahlreichen, sehr plastischen Bildern Gottes Vergebung und die Rückkehr der Juden nach Zion, die Zerschmetterung der Heiden und die Demütigung und teilweise Bekehrung der Philister. Für Jerusalem weissagt Sacharja eine goldene Zeit des Friedens: »Denn ich will die Wagen abtun von Ephraim und die Rosse von Jerusalem, und der Streitbogen soll zerbrochen werden« (Sacharja 9,10).

Der Prophet Maleachi

Maleachi übt harte Kritik an unwürdigen Priestern, die die Gesetze verdrehen und deren verlogene Opfer von Gott missachtet werden. Maleachi vergleicht die Abtrünnigkeit Israels mit einem Mann, der die Liebe seiner Jugend verstößt, und verkündet das Jüngste Gericht: »Siehe, ich will euch senden den Propheten Elia, ehe denn da komme der große und schreckliche Tag des Herrn« (Maleachi 3,23).

Die vollen Texte der Propheten, die sehr ausführlich, bildhaft und reich an Symbolen sind, stellen ein einmaliges sprachliches Kunstwerk dar. Sie zeugen von einem tiefen Wissen um die Lebensbedingungen der Menschen in jener Zeit und von einer wuchernden Phantasie in den Gleichnissen. Was den Inhalt der Weissagungen betrifft, so ist in zunehmendem Maß eine harte Kritik an den gesellschaftlichen Verhältnissen zu bemerken, die weit über die bloße Ablehnung des Götzendienstes hinausgeht. Die tyrannische Regierungsweise der Könige wird mit einer Leidenschaft verurteilt, die der Französischen oder sozialistischen Revolution zur Ehre gereicht hätte. Die korrupte und verschwenderische Lebensweise der Oberschicht wird verantwortlich gemacht für den Zerfall der Reiche Juda und Israel. Alle Propheten gehen im Besonderen auf die offenbar schon damals sehr verbreitete Hurerei los. Dabei ist zu bemerken, dass es nicht so sehr gegen die Huren geht, von denen ja einige geradezu verehrt werden, sondern vor allem gegen die Männer, eben die Hurer.

Die Verheißung des Wiederaufbaus der Stadt Jerusalem wird als Versöhnung mit Gott verstanden und der Traum von einer endgültigen Befriedung der Welt durch einen Messias ist bei allen Propheten immer vorhanden.

Wenn ein Jude heiratet, sagt er zu seiner Braut: »Du bist mir geheiligt«, hebräisch: *Hare at mekudeshet li* (von diesem *hare at* kommt das im Deutschen gebrauchte Wort »Heirat«). Weiter sagt der Bräutigam Folgendes: »Vergesse ich Jerusalem, vergesse ich meine rechte Hand. Klebt meine Zunge in meiner Kehle, wenn ich nicht Jerusalem erhebe zum Gipfel meiner Freude.« Darauf zertritt er mit dem Fuß ein bereitgestelltes Glas zur Erinnerung an die Zerstörung des Tempels.

Heirat

Diese mystische Bindung der Juden an Jerusalem drückt die Sehnsucht eines Volkes nach einer Heimat aus, eines Volkes, das jahrtausendelang als gepeinigte Minderheit überall und nirgends zu Hause war.

Beim Studieren der Schrift stellt sich für den nicht religiösen Leser oft folgende Frage: Ist die ungeschminkte und selbstkritische Darstellung schrecklicher Ereignisse die Größe der Bibel oder verstehen die Verfasser jeden blutigen Sieg der Hebräer als beglückenden Beweis von Gottes Gerechtigkeit und Macht?

Wir neigen dazu, in allem nach einem »Sinn« zu fragen. Tatsächlich verstehen wir unter »Sinn« etwas für unsere Existenz Günstiges, Angenehmes, für uns Schädliches oder nicht Nützliches erscheint uns als »sinnlos«. Zucker im Tee ist sinnvoll, Sand im Tee ist sinnlos. Krankheit wird von religiösen Menschen als verdiente Strafe verstanden und wird als sinnvoll erlebt, für Nichtgläubige ist Krankheit sinnlos. Für die beteiligten Bakterien und Viren hingegen ist die Krankheit in hohem Maße sinnvoll.

Die Bibel vermittelt uns folgendes Bild: Der gesamte Kosmos, und als dessen »Krone« der Mensch, wurde geschaffen, um den Schöpfer zu loben und anzubeten. Der Mensch hat kraft seines freien Willens die Fähigkeit und Möglichkeit, die Welt wieder in einen paradiesischen Zustand zurückzuführen, was gegen eine negative Macht (Satan) durchgesetzt werden müsste. Dieser Vorgang setzt natürlich voraus, dass es einen Schöpfer gibt, der seine eigene Schöpfung braucht, um sich gegen einen Antigott, der vielleicht ein Teil seiner selbst ist, durchzusetzen. So gesehen ist die Welt sinnvoll unterwegs zu einem erstrebenswerten Ziel, nämlich der »ewigen Seeligkeit«. Wie dies aussehen soll, darüber geben die Religionen vage oder naive Auskünfte. Meistens wird die Fortsetzung des Bestehenden angedeutet, aber natürlich ohne Schmerzen und Tod. »Die ewigen Jagdgründe, das ewige Saufgelage der Krieger, der polyphone Gesang zum Lob Gottes, der ewige Schabbat mit Rindfleisch« und so weiter.

Wir sind nicht imstande, uns irgendeinen Zustand als »ewig« vorzustellen, und so bleibt uns die Bibel eine Antwort auf den Sinn unserer Existenz schuldig. Warum aber soll eigentlich alles und jedes einen Sinn haben?

Das Alte Testament, das die Grundlage des Christentums und Islam bildet, hat zweifellos eine wichtige Rolle in der Entwicklung der Zivilisation gespielt. Ebenso sicher ist, dass die Religionen auch immer wieder als lästiger und grausamer Feind der Entfaltung unseres Wissens gewirkt haben. Sie sind in vielerlei Hinsicht mit unserer demokratischen Gesellschaftsordnung unvereinbar und beschädigen sich selbst und die Demokratie, wenn sie in der Politik aktiv sind.

Was vor dem Urknall war, erfährt man nicht beim Lesen der Bibel, aber wer wir sind und wie wir in unterschiedlichen Situationen handeln und reagieren, das ist in beispielhafter, grandioser Weise dargestellt.